LES
CINQ ORDRES
D'ARCHITECTURE
DE
VINCENT SCAMOZZI,
VICENTIN,

ARCHITECTE DE LA REPUPLIQUE DE VENISE:

Tirez du sixiéme Livre de son Idée generale d'Architecture:

AVEC LES PLANCHES ORIGINALES.

Par AUGUSTIN CHARLES D'AVILER, Architecte.

À PARIS,
Chez JEAN BAPTISTE COIGNARD, Imprimeur du Roy,
ruë Saint Jacques, à la Bible d'or.

M. DC. LXXXV.
AVEC PRIVILEGE DE SA MAIESTE.

A MESSIRE
JULES HARDOÜIN
MANSART,
CONSEILLER DU ROY,
CHEVALIER DE L'ORDRE
de Noftre-Dame de Mont-Carmel, & de faint
Lazare de Hierufalem ; Premier Architecte &
Intendant des Bastimens de Sa Majesté.

*M*ONSIEUR,

Il est avantageux pour la gloire d'un des premiers Archite-
ctes d'Italie , que fes Ouvrages paroiffent en noftre langue fous un
nom auffi illuftre que le Voftre ; & rien ne peut achever d'établir
fa reputation, que l'eftime que vous témoignez pour fes écrits, par

é

EPISTRE.

La protection que vous voulez bien leur accorder. A qui pourroient-ils estre mieux adressez qu'à vous, MONSIEUR, qui avez contribué à la perfection du bon goust par tant de lumieres que vous avez acquises? Vous n'en estes pas demeuré à de simples meditations, puisque tant de merveilleux Ouvrages, qui ont esté faits sur vos desseins, & sous vostre conduite, seront d'éternels monumens de la magnificence du Maistre que vous servez, & de l'excellence de vostre genie. Mais ce zele infatigable pour vous aquitter de vos emplois, cette maniere si noble & si desinteressée, qui éclate dans toutes vos actions, ce choix si juste que vous faites des plus habiles Ouvriers, joint au soin empressé que vous avez de leur procurer les avantages qu'ils meritent, ne vous rendent pas moins recommandable que ces talens qui vous font regarder comme le plus grand Architecte de nostre siecle : C'est sans doute ces rares qualitez, qui ont porté le Roy à vous donner tant de marques glorieuses de son estime : Sa Majesté ne s'est pas contentée de vous mettre au dessus de tous ceux qui se mêlent d'Architecture, elle a voulu que le nom que vous portez, fut separé des noms vulgaires, & que la Noblesse fut la Compagne de vostre Vertu. Enfin pour vous recompenser de tant de soins, & vous engager encore plus étroitement à son service, Elle vous a honoré de la Charge d'Intendant de ses Bastimens pour joindre dans un mesme sujet à la profonde connoissance des Ouvrages, l'autorité de les bien faire executer. Mais tous ces avantages que vous avez, MONSIEUR, si justement receus, sont d'autant plus considerables, que vous les possedez dans un temps où les Sciences & les Arts sont arrivez à leur plus haut periode; qu'ils sont aujourd'huy les delices du plus grand des Monarques, & l'occupation du plus éclairé Sur-Intendant des Bastimens qui fut jamais. C'est pourquoy nous devons esperer que la posterité établira des regles certaines sur les rares inventions que vous produisez, tous les jours, & que l'illustre nom de MANSART ne sera pas moins respecté

EPISTRE.

que ceux d'Hermogene, d'Apollodore, de Ctesiphon & de Vitruve. Pour moy je m'estime heureux que vous m'ayez permis de
Vous presenter cette Traduction : C'est à vous, MONSIEUR,
que je me suis entierement dévoüé, tout ce qui vient de moy,
vous appartient à juste titre, & je me fais une sensible joye de
vous donner en cette occasion un témoignage public de la passion
inviolable, avec laquelle je seray toute ma vie,

MONSIEUR,

Vostre tres-humble & tres-obeïssant serviteur,
AUGUSTIN-CHARLES D'AVILER.

PREFACE.

E respect qu'on doit aux Auteurs de grande reputation, semble ne devoir pas permettre qu'on touche à leurs Ouvrages, soit pour en retrancher quelque chose, soit pour y faire le moindre changement, lors qu'on entreprend de les remettre au jour. Il n'y a personne qui ne soit persuadé que le nom de Sçamozzi si celebre entre ceux de sa profession, par son propre merite & par la qualité d'Architecte de la plus fameuse Republique du monde, ne doive inspirer cette veneration à ceux qui aiment l'Architecture en faisant considerer tout ce qu'il a écrit, comme n'ayant rien qui ne parte d'un jugement solide & d'une experience consommée dans l'Art qu'il a exercé pendant tant d'années, en tant de lieux differens & avec tant de succès. Le grand nombre des curieuses recherches, & la dépense qu'il a fallu faire pour le grand cours d'Architecture, dont on ne donne icy qu'un extrait en abregé, ont fait passer jusqu'à present cet Ouvrage pour l'effet de la capacité d'un des premiers Ouvriers & d'un des plus sçavans hommes de son temps; car quoyqu'on pretende que ce qu'il y a d'erudition dans son livre n'est point de luy, & que cette erudition est affectée, il faut considerer que c'estoit la maniere d'écrire de son temps, & particulierement des Italiens, qui font autant consister le brillant de leurs ouvrages dans ces citations, que dans l'excellence & dans la nouveauté de leurs pensées.

Mais comme il est constant que la pluspart de ceux qui pratiquent les Arts, n'ayant bien souvent ny la connoissance des Langues étrangeres, ny le temps de lire les livres de leurs Compatriotes, sont bien éloignez de s'attacher aux autres qu'ils n'entendent pas ; & qu'il n'est permis qu'aux speculateurs de chercher dans un Art les finesses de la Theorie, qui contribuënt

i

quelquefois fort peu à fa perfection ; on a jugé à propos de donner feulement au Public fes Ordres tirez du fixiéme livre du grand Ouvrage intitulé Idée generale de l'Architecture, qui eft la matiere dont l'ufage a plus d'étenduë & qui eft la plus pratiquée par les Architectes. La rencontre qu'on a faite des planches originales, a donné lieu à ce deffein : comme on n'avoit encore rien vu de ce Livre en noftre Langue, on a crû que nos Architectes n'auroient pas defagreable de voir traduit en françois celuy qui leur manquoit des trois Architectes qui tiennent le premier rang pour la doctrine des Ordres entre les Modernes. On ne doute pas auffi qu'il ne fuft utile de voir les autres Oeuvres de cet Auteur entierement traduites, mais outre que cette entreprife demande beaucoup de temps & de dépenfe, il y a lieu de douter qu'en traduifant le tout mot à mot, on puft trouver affez de patience dans les Ouvriers, qui s'ennuyent aifément de la lecture, pour n'eftre pas rebutez par les repetitions & les chofes fuperfluës, dont ces livres font remplis.

Par cette raifon l'on n'a pas jugé à propos de traduire tout entier ce fixiéme Livre, qui contient les Ordres, ny auffi d'en extraire feulement le fens, & faire d'autres difcours, parce que fi d'un cofté on a voulu éviter la prolixité, de l'autre on n'a voulu rien mettre que ce qu'a dit Scamozzi. On fçait que tout ce qu'on a retranché eft fort beau, mais auffi qu'il eft fort peu convenable au fujet, telles que font quantité d'Hiftoires & de Fables, tout ce qui regarde la Geographie ancienne, & les raifonnemens de Phyfique & de Morale qui font de pure fpeculative, & pour entretenir tout autres gens que ceux de fa Profeffion. Mais lorfqu'il a fallu expliquer ce qui eftoit purement d'Architecture, on a fuivi l'Auteur mot à mot, comme dans la defcription du Chapiteau Ionique, dans les manieres de diminüer les colonnes, & dans plufieurs autres chofes où l'on ne peut affez s'étendre pour les expliquer clairement, la matiere eftant d'elle-mefme obfcure & embaraffée.

Or ce qu'il y a de plus remarquable dans l'Architecture de Scamozzi, c'eft qu'elle eft fondée fur les raifons les plus vrayfemblables de la nature, fur la doctrine de Vitruve, & fur les exemples des plus excellens Edifices de l'Antiquité : fa maniere de profiler eft Geometrique, mais elle eft fi contrainte par les figures dont il fe fert pour décrire fes moulures, que la grace du deſſein n'y a preſque point de part ; ce qui a donné à cet Auteur la reputation d'avoir une maniere ſeche , qui provient de la quantité des moulures qui entrent dans ſes profils, dont il y en a plus de rondes que de quarrées , & de ce qu'elles ne ſont point meſlées alternativement , ainſi qu'il eſt neceſſaire pour les rendre plus variées ; joint que ces moulures ainſi tracées ſeulement par les regles de la Geometrie n'ont qu'un meſme contour , quoyqu'elles le doivent changer ſelon le lieu d'où elles ſont veuës , & les differens Ordres où elles ſont employées.

La Methode dont il diviſe chaque membre paroiſt d'abord embaraſſée, mais lorſqu'on y fait reflexion , & qu'on y eſt accoûtumé, elle eſt aſſez facile & d'un grand uſage pour trouver l'harmonie dans les proportions. Cette methode eſt que pour le general il ſe ſert du diametre inferieur de la colonne diviſé en ſoixante parties, comme a fait Palladio & pluſieurs autres; mais pour le détail de ſes moulures , il ſe ſert d'un denominateur , c'eſt à dire qu'il prend un membre, dont la grandeur regle la hauteur des autres par cette meſme grandeur multipliée pour les plus grandes , & ſubdiviſée pour les plus petites: Pour avoir par exemple le détail des moulures de la baſe de la colonne Corinthienne, après luy avoir donné la hauteur du demy-diametre, ſans comprendre l'Aſtragalle ſur le Tore ſuperieur, qu'il pretend eſtre du fuſt de la colonne, auſſi bien que la ceinture , il diviſe ce demy-diametre en ſix parties & un tiers, dont le Tore ſuperieur eſt un, & par conſequent le denominateur, la Plinthe eſt deux; ainſi ce denominateur eſt doublé, comme il eſt ſeſquialtere eſtant un & demy pour le Tore inferieur , & les hauteurs des autres membres naiſſent de ce denominateur ſubdiviſé , en trois quarts pour la Scotie, en cinq douziémes pour l'Aſtragalle inferieur , en un tiers pour l'Aſtragalle ſous le Tore ſuperieur , & en un ſixiéme pour chaque Liſtel qui enferme la Scotie, & ainſi du reſte : par ce moyen on a un détail des moulures fort exact, & elles ſont proportionnées entre elles par rapport à toute la baſe. Pour les ſaillies il ſe ſert auſſi des meſmes parties, & toutes ces parties n'ont aucune proportion avec celles qui diviſent le module en ſoixante minutes, & ſont differentes à tous les profils. Quant aux proportions generales elles ont toûjours relation de la partie au tout, par une diviſion de parties égales, comme les entablemens ſur les portes en égard à leurs ouvertures, & ainsi des niches, ce que les figures & les quottes demontrent assez.

Parce qu'on s'est servi dans cette edition des planches originales, elles sont telles que Scamozzi les avoit fait graver, à la reserve de quelques chiffres qui ont esté changez, parce qu'ils n'avoient pas rapport avec les quottes du discours. On a mesme laissé les planches de quelques manteaux de cheminées & de corniches pour des chambres, qui s'estant trouvées avec les autres, n'ont pas dû estre supprimées, quoyque ces desseins ne soient pas de la maniere dont on les fait à present; mais cela sert à faire connoistre la difference qui est entre le goust de l'Architecture de ce temps-là & celuy du nostre.

Enfin comme on n'a point fait de doute en mettant cet Ouvrage au jour, que plusieurs personnes ne trouvent qu'il y a de la temerité d'avoir pour ainsi dire mutilé le Livre d'un Auteur si considerable, & qu'on doit presumer n'avoir rien mis que de tres-utile; que ce qu'on en a retranché, doit interrompre le cours de son discours & le sens de ses pensées, & que cela ne doit estre permis qu'à des Maistres consommez dans l'Art, qui par leur experience sont devenus les arbitres des autres. On declare que ce Livre est plustost fait pour les Ouvriers qui regardent plus les figures que les discours, que pour ceux qui ne s'attachent qu'à la Theorie, & que ce petit Traité comme imparfait pourra exciter à la traduction entiere des Ouvrages de Scamozzi ceux qui sont plus capables des'en acquitter; ce qui pourra contribuer à leur propre reputation & à la satisfaction du public.

TABLE

TABLE DES CHAPITRES.

õ

TABLE DES CHAPITRES.

Fin de la Table des Chapitres.

TRADVCTION DES MOTS ITALIENS
qui sont gravez, sur les Planches originales des cinq Ordres
d'Architecture de Vincent Scamozzi.

ABaco quadro, Abaque ou Tailloir quarré du Chapiteau Ionique.
Acroterio, Acrotere.

Agetto. Augmentation, saillie ou projecture, comme *agetto delle foglie,*
saillie des feuilles.

Aletta. Alette, piedroit ou jambage.

Ala. Face ou largeur, comme *Ala del Pilastro*, face ou largeur du Pilastre.

Altezza. Hauteur.

Archi. Arcs ou Arcades.

Architrave. Architrave.

Aspetto. Veuë ou élevation.

Basamento. Soubassement ou Embasement.

Cartabone ou *Cortabone,* c'est le paneau ou carton pour tracer un profil.

Centina overo sacoma per far la diminutione del fusto della colonna, Serche
ou sacome pour tracer la diminution du fust de la colonne.

Centina ò valanghino per diminuir le colonne. Serche ou calibre pour
diminuer les colonnes.

Cicogna ò raggio per seruirsi à Maestri per lauorare le colonne. Cicogne
ou rayon pour servir aux Ouvriers pour travailler les colonnes.

Cimacia. Simaise qui se prend aussi pour la Corniche entiere du piedestail.

Colonnato. Colonnate, ou Ordonnance composée de colonnes.

Corna del Abaco, Cornes de l'Abaque ou Tailloir.

Cornice. Corniche.

Curuatura. Courbure ou revers, *Curuatura delle foglie,* revers des
feüilles.

Foglia. Feüille.

Fregia. Frise.

Frontispicio. Fronton.

Fusto. Tronc ou Fust.

Grossezza. Grosseur.

Imposto, Imposta. Imposto maggiore ò minore, grand ou petit Imposte.

Linea diametrale, diagonale, perpendicolare. Ligne diametrale, diagonale & perpendiculaire, ou à plomb.

Luce, il Luce, Le vuide d'un Arc ou d'une porte.

Meta, moitié. *Meta della resalita,* Demi-saillie.

Mezzo, milieu. *Di mezzo à mezzo,* de milieu à milieu.

Minuta. Minute.

Modano, l'Archivolte, ou le bandeau de l'Arc.

Modulo. Module.

Nappa. Manteau de cheminée.

Nappa à Padiglione. Manteau de cheminée à pavillon, avec amortissement ou cimier.

Ornamento, selon Vitruve signifie l'entablement. Ornamento della porta, l'entablement de la porte.

Parte, Partie. Parte inferiore, le bas ou piedestail.

Pianta, Plan. Pianta del capitello, Plan du chapiteau.

Regola overo Linea assottigliata è fermata in taglio per segnar il corpo della colonna, Regle ou jauge mince arrestée par entaille pour tracer le fuit de la colonne.

Regola overo Linea assottigliata è fermata in coltello per segnar il profilo della colonna, Regle ou jauge mince arrestée par hoches pour tracer le contour de la colonne.

Resalto, Resaut ou saillie d'un corps.

Sale, Salotti, Stanze, Salles, sallons & chambres.

Sotto base, Socle sous la base.

Sporto, Saillie ou projecture d'une corniche ou membres d'icelle.

Tetto, Toit, comble & couverture.

Triangulo-Equilatero, Triangle Equilateral pour trouver la courbure du Chapiteau Ionique.

Tronco, Dé ou tronc du piedestail.

Tutto, le tout. Tutta la colonna, Toute la colonne compris la base & le chapiteau.

Valanghino, c'est ce que nous nommons calibre.

Voluta è suolta, Volute & enroulement.

EXTRAIT DU PRIVILEGE DU ROY.

PAR Grace & Privilege du Roy, donné à Paris le vingt-sixiéme jour de May 1684. Signé par le Roy en son Conseil D'ALENCE': Il est permis à JEAN BAPTISTE COIGNARD, Imprimeur & Libraire ordinaire de Sa Majesté, d'imprimer, vendre & debiter l'Idée de l'Architecture universelle de VINCENT SCAMOZZI Architecte Venitien, avec les Planches originales, & ce pendant le temps & espace de douze années entieres & consecutives, à compter du jour que la premiere impression sera achevée, avec défenses à tous Imprimeurs, Libraires & autres de quelque qualité & condition qu'ils soient, d'imprimer, faire imprimer, vendre & distribuer ledit Livre sous quelque pretexte que ce soit, mesme d'impression étrangere ou autrement, à peine de confiscation des exemplaires contrefaits, & autres peines portées à l'original dudit Privilege.

Registré sur le Livre de la Communauté des Imprimeurs & Libraires, le 5. jour de Juin 1684. Signé C. ANGOT, Syndic.

Achevé d'imprimer pour la premiere fois en vertu du present Privilege le premier jour d'Octobre 1685.

LES CINQ ORDRES D'ARCHITECTURE
DE
VINCENT SCAMOZZI·
VICENTIN.

ARCHITECTE DE LA REPUBLIQUE DE VENISE.

Tirez du sixième Livre de son Idée generalle de l'Architecture.

CHAPITRE PREMIER.

Quels sont, & combien il y a d'Ordres d'Architecture.

LES Anciens Architectes sont dignes de loüange en beaucoup de choses ; mais particulierement pour avoir trouvé & mis en usage les Ordres d'Architecture avec les ornemens de toutes les parties, dont le corps de chaque Ordre est composé. Pour traiter ce sujet avec methode, nous parlerons d'abord des corps entiers, & ensuite de leurs parties.

Le mot d'Ordre pris en general signifie beaucoup de choses ; mais en Architecture on l'employe pour exprimer l'harmonie & la composition de diverses choses proportionnées les unes aux autres, & relatives & unies ensemble, comme sont les Piedestaux, les Colonnes & les Entablemens, parce que toutes ensemble elles font comme un Corps dont toutes les parties & tous les membres ont une structure bien reglée & bien ordonnée.

A

Le mot de Corps signifie tout ce qui a des parties, comme tout le Piedeftail, ou la Colonne entiere, ou tout l'Entablement, parce que chacune de ces choses fait partie de l'Ordre. Leurs parties font la Bafe & la Corniche des Piedeftaux, ou la Bafe & le Chapiteau des Colonnes, & l'Architrave, la Frife & la Corniche des Entablemens. Les membres font les portions de ces parties, obfervant que toutes ces portions, membres, corps & parties, peuvent etre plus grandes ou plus petites, plus ou moins ornées dans les differens Ordres.

Les Ordres & leurs Ornemens, dont nous traitons à prefent, peuvent eftre definis Un certain genre d'excellence qui augmente beaucoup la decoration & la beaute des Edifices facrez & profanes, & les rend plus beaux & plus confiderables.

Les Ordres peuvent etre employez ou ajoûtez, non feulement à l'Edifice entier, mais encore à quelques-unes de fes parties principales, felon le jugement de l'Architecte, le genre & la qualité du bâtiment.

La difference d'un Ordre à l'autre, confifte dans la proprieté des Modules, qui dépend de la jufte diftribution des grandeurs des parties, & dans la belle difpofition de leurs membres, qui fait paroître la folidité dans un Ordre, & la delicateffe dans un autre.

Ces chofes doivent eftre reglées par l'exemple de la Nature, qui a donné à l'homme né pour le travail des membres forts & robuftes, & qui a formé le corps de la femme avec une delicateffe convenable à fon fexe. C'eft pourquoy on doit confiderer dans la decoration de toutes fortes d'Edifices, que les ornemens delicats, & les petites parties ne conviennent pas à ceux où l'on doit avoir plus d'égard à la folidité qu'à la beaute : & c'eft une chofe à laquelle plufieurs Ouvriers ont manqué. Or pour faire voir que les Ordres doivent avoir raport à la nature de l'Edifice, & que les Ornemens leur doivent eftre convenables ; on remarque que lors qu'ils font judicieufement employez, il en refulte une harmonie & un agrément qui les fait toûjours approuver de ceux qui les regardent. En effet on voit fouvent que pour avoir ofté certains ornemens, ou pour en avoir fubftitué d'autres plus appropriez au genre de l'Edifice, on l'a rendu incomparablement plus parfait : mais outre cela il eft neceffaire d'avoir égard à la qualité & au pouvoir de celuy qui le fait bâtir, & aux matieres que le païs produit.

Selon les Anciens il y a cinq Ordres ou manieres differentes : fçavoir, l'Ordre Tofcan, le Dorique, l'Ionique, le Romain & le Corinthien, quelques-uns omettant le Romain, mettent le Corinthien aprés l'Ionique, & le Compofite aprés le Corinthien. Ces deux derniers ont leurs proportions, modules, formes, & mefures, peu differentes l'un de l'autre, tant dans leurs Piedeftaux divifez en Bafe, Dé ou Tronc & Corniche, que dans leurs Colonnes divifées en Baze, Fuft & Chapiteau ; & dans leurs Entablemens divifez en Architrave, Frife & Corniche. De tous ces Ordres, les Romains & les Grecs, ont orné & enrichy leurs Edifices sacrez & profanes, mettant en œuvre tantôt l'un, tantôt l'autre, selon qu'ils y convenoient avec plus de bien-seance.

Premierement, le Toscan étant massif & solide dans le tout & dans ses parties, paroît propre à soûtenir un grand poids, & tient de la nature d'un Geant. Le Dorique paroist avoir une fermeté & une liaison dans ses Triglyphes & dans ses Metopes, qui le rend semblable à un Hercule. C'est pourquoy les anciens employerent cet Ordre aux Temples dédiez à ce Dieu qu'ils estimoient le plus fort de tous. L'Ionique dans sa taille & dans ses parties a une gravité, qui par la figure de ses Volutes & de ses Modillons, tient quelque chose de la femme. L'Ordre Romain, que quelques-uns ont jusques à present appellé l'Ordre Mixte & Composé, pourroit estre appellé Heroïque à cause de la beauté de son chapiteau, de ses volutes, de ses feüilles de chesne, & de sa Corniche tres-ornée. Enfin l'Ordre Corinthien delicat & leger comme il est avec son chapiteau, orné de feüilles d'olive ou d'acanthe, & la richesse de sa corniche fait qu'on trouve qu'il a beaucoup de la beauté d'une jeune fille ; c'est pourquoy nous le mettrons fort à propos au dessus des autres.

Il reste à examiner l'opinion de ceux qui pretendent que les bandes & ceintures rustiques que l'on met dans les bastimens peuvent fonder une espece d'Ordre particulier, sans faire reflexion qu'on ne peut pas proprement appeller Ordre ce qui n'a ny Colonne ny Piedestail, ny Entablement particulier, ainsi que les autres Ordres en ont. Ces sortes de bandes rustiques n'estant rien autre chose qu'une certaine maniere de travailler l'ouvrage pour le rendre grossier, pauvre & simple : & cette maniere de lier les pierres de diverses façons, se peut pratiquer indifferemment dans tous les Ordres, conservant toûjours la proprieté des parties & des membres de chaque Ordre ; de maniere que le rustique soit tellement disposé, que les Ordres solides & delicats gardent leur caractere selon le plus ou moins de relief des bossages ; laissant la pierre comme brute & pointillée avec le marteau, & la travaillant plus ou moins, selon que l'Ordre plus ou moins grossier le requiert, comme nous ferons voir ailleurs.

CHAPITRE II.

Du Module & de ses Parties: Du Nom & de la Definition des Colonnes & des Pilastres, de leurs Bazes & Chapiteaux, & de leurs usages dans les Edifices.

COmme les Edifices sont rarement sans Colonnes que l'om doit considerer comme les principales parties des Ordres, le Module doit estre pris de leur diametre inferieur, & cette grandeur doit regler les proportions, & les mesures, non seulement des Bazes & des Chapiteaux, mais encore les parties des Piedestaux & celles des Ornemens qui se mettent sur les colonnes; & c'est ce que Vitruve enseigne, quand il dit qu'il faut prendre une partie qui fasse le Module, & que ce Module doit estre la grosseur de la Colonne par le bas.

C'est encore de ce Module qu'il parle dans ces termes (l'ouvrage se connoît par la quantité des Modules, & le Module sert encore pour en connoître les parties.)

Au reste, le terme de Module ne signifie rien autre chose que mesure; Vitruve & ceux qui l'ont suivi s'en estant servis, ce terme est devenu propre à l'Architecture, non pas comme une mesure fixe & déterminée, de même que la Palme, le Pied, la Brasse, & les autres semblables, ainsi que quelques-uns le prétendent, mais comme une portion rationnelle de la chose reglée, laquelle est tantost plus grande, tantost plus petite, suivant la volonté de l'Architecte.

Il faut prendre garde que le choix du Module doit être reglé selon la qualité des desseins ou modeles, dont on veut faire les distributions; parce que non seulement le Module détermine la grosseur & hauteur des Colonnes, mais encore des Entablemens & des Piedestaux, selon l'Ordre, & regle les Entrecolonnes, & toutes les parties exterieures & interieures de l'Edifice : & enfin, il marque la distribution des ouvrages quelques grands qu'ils soient; ce qui apporte une grande facilité.

Le Module se peut diviser en diverses manieres, mais la meilleure est en 60. parties égales, ce nombre étant un nombre rationnel & produit de 6. & de 10. nombres parfaits, dont le composé est parfait. Il contient en soy 10. divisions entieres; comme le 2. 3. 4. 5. & 6. de petits nombres, qui est de même que de dire, $\frac{1}{2}|\frac{1}{3}|\frac{1}{4}|\frac{1}{5}|$ & de plus 10. 12. 15. 20. & 30. de nombres plus grands, qui designent, $\frac{1}{2}|\frac{1}{3}|\frac{1}{4}|\frac{1}{5}|$ &$\frac{1}{6}|$ Tous neanmoins sont portions de Module : on peut encore diviser le Module autrement comme en $\frac{1}{2}|\frac{1}{3}|\frac{1}{4}$ partie, & autres semblables.

Vitruve s'est encore servy de cette maniere de mesurer, lors qu'il a traité des Membres des Entablemens; mais ces sortes de divisions sont difficiles à entendre, où il multiplie la plus petite partie pour determiner la

plus

plus grande, comme par exemple 2. fois 30. font 60. & ainsi des autres.

Pour ne pas confondre ces manieres de diviser avec les autres, on nomme ces portions Minutes, à la maniere des Geographes & des Astrologues. Nous pouvons ainsi diviser toute sorte de grandeur comme le Pied, le Palme & la Brasse, parce que chacune de ces grandeurs estant divisée en douze autres, qu'on peut apeller onces, & chaque once en cinq minutes, toutes ces parties font le nombre de 60. mais l'once ne doit pas estre divisée en 4. comme plusieurs veulent, parce que ce ne seroit que 48. en tout. Mais c'est assez parler de cette matiere.

Les Colonnes & les Statuës ont esté estimées les plus beaux ornemens de l'Architecture, c'est pourquoy les Grecs & les autres Nations, en ont tellement remply leurs Edifices, qu'on remarque par ce qu'il en reste, que le nombre en estoit presque infiny. Les Colonnes sont ainsi appellées, parce qu'elles portent le comble appellé *columen* par les Latins.

On pretend que les Colonnes n'ont d'abord été employées dans les Temples que pour soûtenir le faix de l'Edifice & l'affermir, ce que Vitruve confirme, lorsqu'il pretend qu'autrefois elles ne servoient point d'ornement comme elles ont fait dans les derniers temps, où elles ont été plûtôt employées pour la magnificence que pour la necessité.

Les Pilastres ont quelque raport aux Colonnes, & leur difference consiste, en ce que leur plan est quarré comme les arbres équarris. Vitruve les nomme Parastates, qui ne signifie autre chose qu'un corps élevé en pied, & propre pour soûtenir un pesant fardeau : ainsi par ce mot on a non seulement la connoissance de la forme de la chose, mais encore de l'usage qu'elle doit avoir.

Les Bases dont Vitruve parle en plusieurs endroits, doivent avoir de hauteur la moitié de la largeur du pied de la Colonne. Elles sont appellées *Spira*, parce qu'elles imitent les tortillemens de nœuds des arbres; on les nomme aussi Bases en nôtre langue, parce qu'elles sont embas sous la partie inferieure de la Colonne; cela suffit pour en donner une idée generale.

Mais pour avoir une connoissance plus particuliere de leurs parties, on peut s'imaginer que quelques-unes ont été faites comme de petits matelas appellez *Tori* par Vitruve, lesquels étant posez sous les Colonnes, & comme écrasez du fardeau, avoient cette figure ronde : de même que les Listels paroissent comme des ceintures ou petites courroyes étroites, l'une desquelles estant mise dessus & l'autre dessous, & toutes deux faisant saillie, le milieu qui se retire en dedans, a esté appellé Scotie.

Il y a encore les petits Tondins appellez Astragales, qu'on met seuls, ou plusieurs ensemble. Ces membres au raport de Vitruve, imitent certaines petites couvertures de lit pliées & mises entre les petits matelas, : Elles ressemblent aussi à de petites cordes qui entourent les bases; Aussi voit-on que les Anciens y ont taillé des cordeletes torses,

B

Outre ces membres il y a encore les ceintures ou listels qui se mettent seuls au pied des Colonnes, ou avec un Tondin : Vitruve dit que ces ceintures sont faites comme les ourlets qu'on fait au bas des jupes des femmes, & des longues vestes : il les nomme Apophiges. Il faut adjouster à toutes ces parties qui sont de forme ronde, les Tables quarrées qui les portent & qui sont assez épaisses, que Vitruve appelle Plinthes, c'est-à-dire briques.

Or si l'on examine toutes ces choses, on trouvera que non seulement les membres des Bases, mais encore les autres parties des Ordres n'ont point été faites par hazard, mais avec beaucoup de raison, en imitant les ouvrages de la nature, ou les choses artificielles, qui en ont donné l'idée à leurs inventeurs.

Quant aux Chapiteaux, ils ont beaucoup de rapport avec les Bases, parce que ces parties superieures, principalement dans l'Ordre Toscan & dans le Dorique, ont de hauteur le demy Diametre de la Colonne, à l'Ionique le tiers, & au Corinthien selon Vitruve un Module. Dans tous les Ordres la partie superieure du Chapiteau imite certaines petites tables, que les Anciens nommoient Abaques, qui est un mot dont nous nous servirons toûjours. Il y a encore les Oves & plusieurs autres ornemens imitez des parties des plantes, & d'autres choses naturelles, qui sont plats & quarrez en tout sens. Ces membres sont devenus membres des Colonnes, & s'appliquent diversement aux Colonnes de taille plus massive, dont les chapiteaux sont plus bas, & à celles qui sont plus allignées, dont on fait les chapiteaux plus hauts pour leur faire avoir plus de grace ; Mais cela suffit pour donner une idée generale, puisque nous parlerons ailleurs de toutes ces choses plus amplement.

CHAPITRE III.

Des Entablemens qui sont posez sur les Colonnes, des Frontons & Toits, des Piedestaux & Sousbassemens des Edifices.

AYant à traiter des Ornemens dont on accompagne les Colonnes, il est à propos d'avertir d'abord en general avant que d'entrer dans le particulier, qu'il faut prendre-garde que dans les parties des Edifices, qui d'elles-mêmes seront belles & suffisamment ornées, si on les enrichit d'ornemens qui ne leur conviennent pas, bien loin d'en augmenter leur beauté, ils les rendront difformes.

De sorte que l'Architecte doit bien penser à la juste disposition de ses Ornemens, pour les placer dans les parties de l'Edifice ausquelles ils conviennent : par exemple la face principale à l'imitation du corps humain, doit être plus ornée que les côtez, & le derriere moins que le reste; ce qui est une chose que les Anciens ont observée dans leurs ouvrages.

Pour marquer d'abord ce qu'il y a à considerer en general, lorsque l'on met en œuvre les Ordres dans les Edifices sacrez, suivant le sentiment de Vitruve, c'est qu'il faut les rendre plus massifs que dans les autres ouvrages; cela se trouve observé dans la pluspart des Temples antiques de Rome & d'ailleurs: car dans les Theatres, les Amphitheatres, les Thermes, les Arcs de Triomphe, les Septizones, les Ordres sont moins massifs. En effet, il semble, comme dit Vitruve, que la majesté convient aux Temples, & que ce qui donne de l'agrement, sied mieux aux autres Edifices, qui peuvent recevoir leurs Ornemens, pourveu qu'ils soient à propos selon leurs genres, nous en avons parlé ailleurs suffisamment.

Lors que l'Architecte voudra placer ses Ornemens, il doit prendre garde à la distinction du genre de l'Edifice, & à ne les point mêler avec confusion, les mettant à propos, en égard à la qualité de l'Edifice, & au besoin qu'ils en ont; parce qu'il est évident que tous les mesmes Ordres ne conviennent pas à tous les Edifices: aussi les mesmes Ornemens ne s'employent pas à tous les Ordres, parce qu'ils doivent estre differens dans les Edifices sacrez & dans les profanes, dans les publics, & dans les particuliers.

On ne doit point aussi mettre les Ornemens avec trop de profusion, ny les ménager avec trop de reserve: & ils seront d'autant plus estimez, qu'ils seront mis avec plus de jugement & de discretion; & sur tout avec une exacte proportion, tant dans leurs parties que dans leurs plus petits membres: parce qu'en effet les Ornemens dont on se sert dans les Edifices, sont comme les bijoux dont les Dames se parent qu'il n'est pas à propos de mettre sur des parties qui sont belles d'elles-mêmes, comme le visage & le sein, où l'on ne met jamais de perles ny de pierreries.

Il faut aussi avoir égard à la matiere dont les Edifices doivent estre faits, & elle doit estre employée selon la qualité des parties; parce que lors qu'il se trouve des pierres d'une nature plus grossiere & moins delicate, il en faut faire les ornemens les plus massifs, & les membres les plus simples: mais quand les pierres sont belles & fines comme les Istriennes & les beaux marbres, on y doit tailler des ornemens & des membres plus delicats. Desorte que l'on observera, comme nous avons dit ailleurs, que la destination & l'employ de la matiere, réponde à la beauté de la forme des Edifices avec ordre & grace, selon les lieux où ils doivent servir.

L'Architrave, la Frise & la Corniche étant des parties mises au lieu le plus considerable, & les plus exposées à la veüe, ont esté appellées par cette raison Ornemens, & Entablemens à cause de leur situation. Ces parties doivent estre ornées selon leur espece, à proportion des

Chapiteaux qui les portent : on les pourroit aussi apeller Couronnemens des Colonnes. Les Entablemens sont composez de trois parties
differentes, en scituation & en membres, sçavoir l'Architrave, la Frise
& la Corniche ; de mesme que nous avons dit que les Colonnes sont
composées de la Baze, du Fust & du Chapiteau ; & les Piedestaux de la
Base, du Dé & de la Corniche. On ne doit point omettre dans les
ouvrages considerables aucune de ces parties qui sont essentielles, & sans
lesquelles le corps de l'Edifice ne sçauroit estre accomply & parfait.

Les Architraves imitent ces grosses poutres toutes simples, qu'on
mettoit en travers pour entretenir les autres pieces qui étoient debout
au lieu de Colonnes pour la construction des maisons ; c'est pourquoy
leurs plafons ou largeur, qui se voit par dessous, ne doit jamais exceder
le Diametre superieur du fust de la Colonne ; les faces des Architraves
ne sont aussi autre chose que des poutres qui se mettoient les unes
sur les autres avec leurs cimaises, Astragalles & autres membres. Il
faut aux Architraves beaucoup de solidité, & peu de portée, afin
qu'ils puissent soûtenir plus facilement le poids de l'Edifice ; & la saillie
de leurs membres doit être petite pour ne pas ôter la venë de ce qui est
au dessus.

Sur les Architraves on pose les Frises, qui sont taillées d'Ornemens
riches. Cette partie est apellée Frises à cause des Phrygiens inventeurs
de l'art de broderie, duquel il semble que les Frises ont emprunté leurs
Ornemens. Elles doivent toûjours estre à plomb sur l'extrêmité du
diametre superieur de la Colonne, & répondre à la premiere face de
l'Architrave, sur laquelle se mettent les poutres pour les planchers,
d'où les Triglyphes & Metopes Doriques couverts de poix ou de
cire, ont pris leur origine, comme dit Vitruve.

On trouve plus de Frises ornées que lices & simples, & rarement
dans les ouvrages antiques, tant à Rome qu'ailleurs il s'en rencontre
de marbre qui ne soient ornées de rinceaux, de feüillages, de festons,
de masques, d'enfans, & de plusieurs autres choses differentes qui les
embelissent considerablement.

Enfin sur les Frises on met les Corniches, appellées de Vitruve
Couronnes : & parce que le Larmier, qui fait la partie principalle de
la Corniche, environne & couronne les autres parties de l'Edifice, ainsi
que fait l'égoust du toit ; il y a apparence que la corniche est faite à
l'imitation des saillies de cette partie des couvertures de bois, parce que
ses membres tels que sont les oves ou échines, les cimaises de gueule
droite & les autres, vont toûjours en avançant ainsi qu'elles font aux
égousts. Quelquefois dans les corniches, sous le Larmier on met des
modillons, que Vitruve appelle Mutules à cause de leur peu de saillie : on met aussi des denticules qui representent les chevrons.

Cependant au raport de Vitruve, les Architectes Grecs avoient
établi comme une regle de ne point tailler dans une même Corniche
des

des modillons & des denticules ; cela a esté observé au dedans & au dehors du Pantheon, & en quelques autres Edifices. J'observeray cette
regle dans mes Ordres, parce que tant de coupures apportent trop de
confusion ; comme on le peut remarquer à l'arc des Orphevres & dans
quelques autres Edifices.

Si l'on en croit Vitruve, les premiers hommes pour se garentir des
pluyes & des autres injures du temps, firent les couvertures de leurs
maisons inclinées & penchantes tout d'un costé en apenti, le côté
le plus haut estant vers le Midy, afin que le devant receût le Soleil, &
fust exposé au meilleur air : car par cette maniere toutes les eaux estoient
jettées derriere : cela se pratiquoit dans les mediocres Edifices.

Mais pour les grands Edifices qui servoient d'habitation à plusieurs
personnes, ils faisoient les couvertures en comble ; de sorte que le faiste
étant au milieu, le toît pendoit à droit & à gauche. Ensuite ils le firent
avec des égousts aux quatre côtez.

Les Anciens leur donnerent plus ou moins de pente, selon la diversité des Païs, & les autres raisons qui les leur faisoient paroistre plus
commodes : car ils estoient autrement dans les regions temperées comme en Italie, que dans les climats où les vents sont impetueux, & où il
tombe beaucoup de neiges, comme dans la plus grande partie de la
France & de l'Allemagne, pour ne pas parler des regions Septentrio-
nales & voisines du Pole.

Pour donner plus de majesté aux couvertures, les Anciens firent des
frontons dans les façades des Edifices ; ce qui convient fort aux Temples, lorsqu'il y a un Porche & un Portique formé par des rangs de colonnes devant & à l'entour, comme à la Rotonde de Rome, & presque
à tous les autres Temples antiques, comme il se voit par leurs vestiges,
& dans les medailles.

Les Architectes modernes imitant les anciens, en ont mis sur les portiques & sur les loges, & aux façades des Edifices publics. Il est aussi
constant que les frontons augmentent beaucoup la beauté & la majesté
d'un bâtiment, lors qu'ils sont posez avec raison & proportion ; car
outre qu'ils en marquent la principale entrée, ils peuvent être ornez de
bas-reliefs, d'armes, de devises & autres choses : & cecy suffit pour en
donner une idée.

Maintenant nous parlerons des Piedestaux, que Vitruve appelle Sty-
lobates. Quelquefois on s'en sert pour élever les Colonnes avec grace ;
& c'est pourquoy nous-en parlons icy. Dans les endroits où Vitruve en
fait mention, il les met sur des petits murs d'appuy, comme à la façade
de la Scene, & dans les salles de festins à la Corinthienne ; & il distingue
ces murs d'appui d'avec les Stereobates ou Sousbassemens continus.
Quoy qu'il en soit, il y a apparence que les Piedestaux representent ces
troncs d'arbres dont les premiers hommes se servoient pour porter les
couvertures de leurs cabanes, afin, comme on peut juger, qu'elles se

C

puissent conserver contre l'humidité & la corruption.

Il se peut faire aussi que les zocles des Bazes des Piedestaux, dont parle Vitruve, de mesme que les cimaises, qui sont au haut de la base, ayent pris leur forme de l'imitation de quelques saillies faites par les terrasses, qui paroissoient au dessus du rez de chaussée de la maison.

Piedestail ne signifie rien autre chose que Pied-de-Colonne. Tout Piedestail doit estre à plomb en toutes ses faces sous la Colonne.

Les Soubassemens qui tournent à l'entour des Edifices, que Vitruve appelle Stereobates, ont esté fort en usage parmy les Anciens, comme on le voit encore aujourd'huy à la pluspart de leurs Temples & en plusieurs grands Edifices. Ces parties qui s'élevent hors de terre, donnent beaucoup de grace & de majesté à tout le bastiment : ils representent la forme naturelle du terrain élevé, sur lequel les premiers hommes plaçoient leurs habitations, dont les murs estans faits de troncs d'arbres posez debout, & dont les intervalles estoient remplis de bois entrelassez, le tout couvert de boüe avec de l'osier & des cannes ; ces cabanes élevées sur ces petites éminences n'estoient point incommodées de l'humidité de la terre, & du rejaillissement des pluyes : & ainsi ces lieux estoient plus sains, & avoient davantage d'apparence.

Quelques-uns aussi pour affermir ce terrain, l'assurer contre la pluye, & rendre le lieu plus beau, l'élargirent à l'entour & le borderent d'un rang de pierres fichez à plomb : Or toutes ces premieres inventions donnerent occasion aux plus éclairez de chercher dans la suite de nouvelles inventions ; & ainsi peu à peu les choses qui n'avoient que de foibles commencemens, sont arrivées au degré de perfection, où les Anciens les ont pû porter.

CHAPITRE IV.

Sur quel Modelle ont été faits les Entrecolonnes, les Arcs, les Portes principales des Edifices, les Niches, & autres choses semblables.

AYant à traiter des Colonnes, il n'est pas hors de propos de parler de leur distribution & des Entrecolonnes, puisque ces choses ont tant de rapport l'une à l'autre, qu'il semble qu'elles soient fondées sur une mesme raison. Car comme pour porter de pesans fardeaux & soustenir de grandes masses, on choisit des troncs d'arbres droits & forts, il faut aussi dans les Edifices faire les Colonnes de forme droite, & de matiere forte & durable, parce qu'elles soustiennent tout le corps tant par les coins que par les autres parties de l'Edifice, de la mesme maniere que les jambes portent les corps des animaux quelques grands qu'ils soient. C'est pourquoy il est raisonnable que dans les façades des Edifices

les Colonnes soient non seulement en nombre pair, mais elles doivent
estre de grosseur proportionnée à leur usage. Cette disposition est la
plus belle & la plus commode, ayant l'entrée principale au milieu du
bâtiment.

Et comme lors qu'il faut porter un pesant fardeau, il faut que les hommes soient deux à deux, quatre à quatre, ou six à six de chaque côté,
aussi les Colonnes dans les façades, tant devant que derriere des loges
& des portiques, doivent être en nombre pair, comme dit Vitruve, de
2. de 4. de 6. de 8. & de 10. C'est pourquoy on n'approuve pas les Edifices qui ont plusieurs côtez ou pans en nombre impair, comme de 5.
de 7. & de 9. &c. parce que l'entrée de devant ne répond pas à la sortie
de derriere.

Le nombre des Colonnes dépend de la quantité des Entrecolonnes
dont on a besoin ; par cette raison Vitruve fait les façades des Temples
quelque fois de 2. de 4. de 6. de 8. & même de 10. colonnes : & il faut remarquer que l'on fait toûjours l'Entrecolonne du milieu plus large que
ceux des côtez.

Cette disposition & cet espacement des Entrecolonnes semble avoir
été prise de la distance que l'on met entre les arbres que l'on a soin de
planter par des intervalles égaux, lorsque comme les sapins ou pins ils
ont le fust sans nœuds haut & droit comme les Colonnes.

Vitruve rapporte de quelle maniere & avec quelle industrie les premiers Hommes se firent des habitations spacieuses & commodes, dans
lesquelles ils pouvoient se retirer à l'ombre, & se défendre des injures
du temps, liant des bois, & les posant en travers sur ceux qui estoient
dessous, & recouvrant le tout d'un toit; comment par la raison secou-
ruë de l'Art, ils trouvoient le moyen, n'ayant point d'arbres assez forts,
de supléer à ce défaut, mettant des pieces de bois les unes debout &
d'autres en travers, pour faire des planchers les uns sur les autres, ce
qu'ils faisoient aussi pour élever les couvertures de leurs maisons : & cela se pratique encore aujourd'huy en quelques villages, où le bois est
en abondance, & même dans les villes, dans lesquelles toutes les travées
dans les entrevoux des planchers, & les murs des maisons par le dehors,
sont remplis de torchis ou de maçonnerie. De sorte que de ces simples
& petits commencemens ils parvinrent dans la suite à faire ces belles distributions de colonnes, que nous avons à present dans les loges & gal-
leries, soit qu'elles n'ayent qu'un simple étage, soit qu'on y fasse un
ordre posé sur un autre.

La disposition des Colonnes étant de si grande importance, que Vitruve pretend que, selon qu'elles sont à une plus grande ou à une moindre distance, elles paroissent ou plus gresles ou plus grosses, il est constant qu'il la faut regler avec jugement, afin d'en rendre l'aspect agreable, & l'usage commode, ayant égard à la solidité de l'ouvrage : parce
que quand les Colonnes sont trop serrées, & qu'elles sont posées sur des

Piedeftaux, les failhes de la corniche des piedeftaux empêchent le paffa-
ge, comme font des arbres trop ferrez; l'afpect devient pefant, & trop
remply, & les dedans plus triftes & moins éclairez.

An contraire lorfque les Colomnes ne font pas dans une diftance convenable, & que les intervalles font grands, elles ont de la peine à foûtenir
le poids & les architraves de mefme que le refte des entablemens fe rom-
pent facilement, s'ils font de pierre: Ainfi les entrecolomnes qui font trop
larges, & faits fans aucune proportion, font fort defagreables à la venë,
les colomnes paroiffant trop foibles pour le poids qu'elles foûtiennent,
& tout l'afpect petit, & enfin les lieux au dedans font expofez aux ar-
deurs du Soleil, à la pluye, aux vents & aux tempeftes, & le moindre de
ces inconveniens fuffit pour rendre l'Edifice difforme, & prefqu'inhabi-
table. C'eft pourquoy on doit prendre-garde à bien faire la diftribution
des Colomnes, & on la peut regler fur une infinité d'exemples anciens
tant de Rome, que de plufieurs autres endroits de l'Europe.

Les Arcades de portes principalles n'ont point efté faites par hazard,
mais à l'imitation des ouvertures & entrées des cavernes que la nature a
creufées dans les montagnes, de forte que ces ouvertures paroiffent
plûtoft faites avec art, les unes en ligne droite, les autres en arcade
quelquefois avec des manieres de boffages ruftiques, avec plus ou moins
de relief; d'autres eftant polies, comme fi elles avoient efté taillées au
cifeau, & travaillées par les plus habiles Ouvriers.

Ces ouvertures peuvent avoir auffi efté prifes fur le modele de celles
qui ont efté faites aux premieres cabanes des Pafteurs d'Arcadie, pour
faciliter l'entrée aux hommes, aux animaux, & aux chofes neceffaires,
y ayant apparence que par l'induftrie des Architectes elles ont reçeu
dans la fuite leur forme, leur proportion, & toutes les parties qu'on y
a adjoufté pour les orner, telles que font les impoftes, les bandeaux &
les clefs pofées entre des Colomnes avec des couronnemens; de maniere
qu'elles font parvenuës enfin à cette perfection qu'elles ont euë dans
les Temples, & dans les plus magnifiques Palais des Rois, & mefme aux
Baftimens des particuliers.

Enfin les feneftres & les niches qui font en ufage dans les Baftimens, peuvent avoir pris leur origine des foupiraux, & ouvertures qui
donnent de l'air & du jour aux grottes & aux cavernes des montagnes,
lefquelles enfuite dans les premiers temps furent faites groffierement
dans de fimples maifons creufées dans les rochers, ou dans les cabanes
faites de bois felon la neceffité des lieux.

Pour ce qui eft des niches, elles reffemblent en quelque façon
à ces cavitez peu enfoncées, qui fe creufent naturellement fur le pan-
chant des montagnes, dont la plus grande partie eft creufée en forme
ronde. Elles ont efté appellées niches, par un certain rapport qu'elles
ont avec les coquilles & conques marines.

De forte qu'on voit clairement, comme nous avons montré cy-
deffus,

deſſus, que pour toutes les parties de l'Architecture la nature a donné des exemples & des modeles ; & enſuite ſur ces principes naturels les hommes ont fondé l'Art de baſtir, qu'ils ont perfectionné par l'étude, par le travail & par l'exercice. Tout ce que nous avons dit cy-deſſus, donnera une entrée facile pour comprendre ce qui appartient aux Ordres, pour connoiſtre combien il y en a, quels ils ſont, & pour l'intelligence de leurs parties & des autres choſes qui ne leur appartiennent pas moins que leurs propres ornemens.

Dans les chapitres ſuivans nous rapporterons les opinions des Architectes, dont les écrits & les deſſeins ſont tres-differens les uns des autres, ce qui a cauſé bien du deſordre dans l'Architecture : Nous ferons de courtes reflexions ſur toutes ces choſes, pour en connoiſtre les differences & les oppoſitions, tant dans le tout, que dans les parties ; cela ſervira de Commentaire aux plus difficiles endroits de Vitruve, & des autres Auteurs. Enſuite nous rapporterons les exemples les plus rares & les plus excellens, que nous ayons recherchez par nos études & dans nos voyages, tant des ouvrages antiques que des modernes ; Et enfin nous y joindrons le deſſein de chaque Ordre, & de toutes ſes parties, & les diſtributions de modules les plus reglées, dont on ſe pourra ſervir pour la conduite du travail.

CHAPITRE V.

Que les Auteurs, qui ont écrit depuis Vitruve, ont traité différemmens de cette matiere, & qu'il ne doit y avoir que cinq Ordres.

IL eſt à preſent neceſſaire de rapporter les opinions de ceux, qui en divers temps ont traité des Ordres, & en ont donné les deſſeins, afin de dire noſtre ſentiment ſur ce ſujet. Or comme il me ſemble que la plûpart de ceux qui en ont donné des preceptes, ne les ont pas appuyez ſur d'aſſez bonnes raiſons, & que leurs deſſeins ne ſont pas faits avec exactitude, & qu'apparemment ils ne les ont pas mis en œuvre. Il eſt évident qu'ils ont voulu penetrer dans des choſes qui paſſoient leur connoiſſance.

Pour ne point juger de ces choſes à la legere, ou par paſſion, on peut dire que Vitruve n'avoit point veu les ouvrages des anciens Grecs, comme il le témoigne luy-meſme, quoiqu'ils fuſſent fort entiers de ſon temps, & qu'il a encore eu moins de connoiſſance des ouvrages, qui ont eſté faits dans la ſuite, & qui malgré le temps ſe voyent encore avec admiration.

Pour comprendre cette verité, il faut conſiderer que dans les Ordres, que Vitruve a décrits, on ne remarque point cette belle proportion,

D

qui se voit dans les ouvrages antiques , & que ces proportions de Vitruve n'ont point esté mises en œuvre par les Architectes intelligens.
Toutefois on a grande obligation à cet Auteur , qui a cela de particulier , qu'il est le seul des Anciens, dont il nous reste quelques preceptes
& quelques principes d'Architecture ; car cela leur donne une grande
autorité pour resoudre les difficultez qui se peuvent rencontrer dans les
opinions de ceux qui ne font pas de si grande reputation.

Par exemple , pour ce qui regarde les Ordres & leurs ornemens tant
en general qu'en particulier , il est vray qu'il y avoit des Nations chez
les Anciens , comme il y en a encore à present , qui vouloient leurs
bastimens simples & sans ornemens ; parce qu'ils engageoient à des
depenses tout à-fait inutiles : Ils trouvoient qu'il estoit plus à propos
d'imiter la Nature dans sa simplicité , & que ces Palais enchantez & de-
licieux n'estoient que pour des hommes effeminez , que les Architectes ruinoient les peres de familles , qui les faisoient bastir.

Or Vitruve fournit de quoy répondre à cette objection, quand il fait
entendre qu'entre les Edifices il y en a qui sont publics & de particuliers, que l'on considere les derniers comme s'ils estoient cachez , & qu'il
faut orner les autres, comme devant paroistre avec magnificence & majesté aux yeux de tout le monde , tels que sont les Temples consacrez à
la Divinité.

Il y en a d'autres au contraire qui se sont imaginé qu'il faloit inventer
de nouveaux Ordres, ou en adjouster à ceux qui sont inventez , & ont
meslé avec confusion les ordres solides avec les delicats : qui ont cru faire
des ordres nouveaux, en changeant le Piedestail ou la Base , ou qui ont
cru que leur essence consistoit dans une nouvelle forme de chapiteau ;
ce qui est tout-à-fait sans raison, comme de vouloir changer les modules & les proportions des ordres : car c'est la mesme chose que si l'on
vouloit changer les langues & les habits des Nations, & il est certain
que le changement n'est pas moins choquant dans les Ordres que dans
toute autre chose.

Il faut donc conclure que les Ordres ne doivent point recevoir de
changement , mais qu'ils peuvent estre ennoblis & portez à une plus
haute perfection ; que bien qu'ils ne soient qu'au nombre de cinq , toutefois selon les occasions , les lieux & la dépense , ils peuvent estre
disposez differemment avec plus ou moins d'ornemens & de membres ,
comme nous ferons voir dans la suite.

CHAPITRE VI.

*Des Colonnes simples, & de plusieurs Ordres les uns sur les autres,
de leurs diminutions en differentes manieres, & des Bases
& des Chapiteaux disproportionnez.*

A L'égard des Colonnes, Vitruve donne 7. Modules avec la base &
le chapiteau a l'Ordre Toscan & autant au Dorique avec le chapiteau & le fuft fans base, quoyqu'en un autre endroit il luy en donne 7.
& ⅓ Il donne à l'Ionique compris la base & le chapiteau 8.Mod. ⅓ Et il va
jusqu'à 9. Modules & ⅓, jusques à 10. Mod. Il fait les Colonnes Corinthiennes de la mesme hauteur que les Ioniques, leur faisant les bases
& les fufts pareils, & n'y changeant que le chapiteau qui eft plus haut.

Les Modernes n'ont point fuivi ces proportions, quelques-uns ont
donné aux Colonnes Toscanes, Doriques, Ioniques, Corinthiennes
& Composites, comme ils les appellent, 6. 7. 8. 9. & 10. Modules,
d'autres comme Vignolle & Palladio ont cherché d'autres mefures telles
que font celles de 7. 8. 9. 9. ⅓ & 10. Modules: mais ny les uns ny les autres n'ont pas fait reflexion à la hauteur des Chapiteaux, qui font differens dans les divers ordres, le Dorique eftant different de l'Ionique, &
le Romain du Corinthien; de forte qu'en toute maniere les deux premiers Ordres font trop bas & écrafez.

Si nous examinons ces Auteurs en general, la plûpart ont fuivi les
opinions de Vitruve, ou s'en font peu éloignez; de forte qu'on peut
dire qu'ils n'ont point eu d'égard aux proportions des ouvrages antiques, & que peut-eftre ils ne les ont ny vûs ny obfervez.

Mais pour revenir aux Colonnes, il ne fuffit pas de donner à l'Ordre Toscan 6. Mod. felon l'opinion de ces Modernes, ny les 7. que
luy donne Vitruve, parce que les colonnes de ces Ordres comparées
aux colonnes des autres, font trop baffes, principalement lorfqu'elles
font les unes fur les autres; parce que toute la colonne ne s'augmente
pas par le chapiteau, comme aux autres ordres qui les fuivent: Et il s'eft
trouvé des Modernes, qui ont employé les fufts de colonnes maffives
à des ordres delicats comme au Corinthien.

Mais l'erreur de Vitruve eft confiderable, quand il donne de differentes hauteurs à un mefme ordre, comme il fait à l'Ionique: cet abus
a efté fuivi des Modernes, comme celuy de ne point donner de base à
l'Ordre Dorique, ce qui eft contre la raifon, & les ouvrages antiques
les plus approuvez.

Beaucoup d'autres ont fait des façades ou loges avec des colonnes ou
des pilaftres fans piedeftaux ou avec piedeftaux, & ont donné à un feul
Ordre une telle hauteur qu'il embraffe deux Ordres; ce qui ne fait aucun

bon effet, parce que les pilaftres paroiffent giganterfques, & les autres
parties petites, chetives & fans proportion. D'autres fe font encore
trompez pour avoir voulu fuivre la doctrine que Vitruve fait voir dans
les defcriptions de la Place publique, de la Bafilique, & des Salles Egy-
ptiennes, où il y a deux ordres, dont le fecond doit eftre d'un quart
moins haut que le premier, & dans la fcene du theatre où le troifiéme
ordre doit eftre d'un quart moindre que le fecond : car les Auteurs qui
ont donné ces regles dans leurs ecrits, n'ont pas penfé au peu de proportion qu'il y a à tout cela, & que ces chofes font indignes d'un tel
Auteur que Vitruve.

Car ces proportions font trois mauvais effets, ces colonnes eftant
prés l'une de l'autre, & d'autant plus fi on met à l'une & à l'autre des piedeftaux. Le premier eft que les colonnes & les entablemens paroiffent
trop petits, parce qu'ils font plus élevez que les premiers ; le fecond eft
que les entrecolonnes d'enhaut font plus larges que ceux d'embas, ce
que la delicateffe des colonnes ne permet pas ; & la troifiéme que les
appartemens font trop bas tant pour les Edifices publics, que pour les
particuliers. Ce qui eft contre la raifon & n'eft point agreable à la veuë.

Vitruve parlant en un autre endroit du portique de derriere la fcene,
veut que les colonnes Ioniques ou Corinthiennes de dedans, foient
plus hautes de la cinquiéme partie que les Doriques de dehors, peut-
eftre parce qu'elles n'ont pas de piedeftaux, ou pour donner plus de
hauteur aux planchers, fans prendre garde au méchant effet que fe-
roient des Ordres de differentes hauteurs. Pour ce qui eft de l'Ordre que
les Modernes ont nommé improprement Compofite, & qu'ils ont mis
au deffus des autres, nous ferons voir ailleurs qu'il doit eftre apellé Romain, & que par fa forme & principalement de fes volutes, il tient de
l'Ionique, fur lequel il doit eftre mis, & le Corinthien fur les autres.

Pour parler de la diminution des colonnes, Vitruve parlant des Temples, pretend que les colonnes angulaires doivent eftre plus groffes que
les autres d'un cinquantiéme, & qu'il les faut mettre à plomb en dedans,
parce qu'elles font, pour ainfi dire, diminuées par le grand air, ce qui
reüffit mal pour les architraves. Ailleurs il dit que les colonnes doivent
eftre à plomb du cofté des murs du Temple, pour de certaines raifons
qui ne font pas fort bonnes. C'eft pourquoy dans les coins & autres
lieux femblables, nous mettrons des pilaftres à la place des colonnes,
comme on le verra à tous nos colonnats, à l'exemple du dedans & du dehors de la Rotonde. Il veut auffi que les colonnes fous le portique foient
plus menuës d'une neuviéme ou d'une dixiéme partie que les autres, &
avec plus de cannelures. Toutes ces chofes font des abus, qui font contre tout ce qui a efté pratiqué par les Anciens.

Les fufts des colonnes doivent diminuer du bas en haut comme les arbres. Cette diminution a efté faite diverfement, tant pour la proportion
que pour la maniere de diminuer : Vitruve la regle felon la hauteur des
fufts

fufts des colonnes, comme dans l'Ionique, qui diminuë d'autant moins qu'il a de hauteur, ce qui a efté fuivi par d'autres Architectes, dont il s'en trouve, qui ont autant diminué un Ordre maffif qu'un delicat, excepté le Tofcan, qui, felon Vitruve, doit eftre diminué de la quatriéme partie de fon diametre inferieur.

Pour ce qui eft de la diminution des Colonnes, Vitruve n'en parle gueres que dans l'Ordre Dorique & dans l'Ionique, & on peut croire qu'il la rend convenable à ces Ordres, & peu fenfible. Quelques Architectes ont obfervé de faire les contours de leurs colonnes avec une ligne prefque droite de bas en haut, ce qui n'a jamais efté l'intention de Vitruve. D'autres ont laiffé la troifiéme partie d'embas du tronc à plomb, & ont diminué les colonnes folides & les delicates de la mefme maniere, & d'autres les ont faites renflées & fufelées.

Mais les uns & les autres font leurs diminutions à taftons fans art ou par des moyens fort penibles. De forte qu'il me femble, fans s'arrefter à ce qui en a efté dit cy-devant, qu'il faut eftre perfuadé que la diminution de la colonne dépend pluftoft du caractere de l'Ordre, que de fa hauteur, & que la diminution eft de grande conféquence, pour faire paroiftre les colonnes agreables à la veuë.

C'eft pourquoy, fans avoir egard à ces differentes manieres peu affeurées, telles que font celle de fe fervir d'une regle courbe, & qui fe plie, ou celle de fuivre des points donnez à des diftances égales, qui ne font que pratiques mechaniques de Maiftres fimples & ignorans, qui ne peuvent donner de raifon ny du nombre des points, ny de celuy des lignes; nous ferons voir la maniere de diminuer les colonnes avec raifon, & par des regles certaines, eftant affeurez qu'elles reüffiront, & feront agreables à voir.

Puifque nous traitons en general & en particulier des Colonnes, il eft à propos de parler de leurs bafes & de leurs chapiteaux. La bafe Tofcane, felon Vitruve, doit avoir de hauteur, y compris la ceinture du fuft, le demy diametre de la colonne, & la plinthe doit eftre ronde; ce qui eft fans exemple de l'antique.

Cependant il y a fujet de s'étonner de voir cet abus introduit parmi quelques Modernes, nonobftant les exemples que l'on a du contraire dans les bafes des Colonnes Trajane & Antonienne, dans lefquelles la ceinture fait partie du fuft, comme elle le doit dans les autres Ordres, & où la plinthe ronde ne fe pourroit fouffrir, fi ce n'eft que les entrecolonnemens fuffent fort étroits, parce que la faillie de cette bafe eft d'une fixiéme partie du pied de la colonne.

Vitruve fait auffi voir en plufieurs endroits des colonnes Doriques fans bafes ny ceintures au fuft; ce qui a efté mis en œuvre fort mal à propos par quelques Architectes modernes fondez fur les exemples du Theatre de Marcellus, & des fix colonnes qui font devant la prifon de Tulle, mais cela ne fe voit point au premier Ordre du Colizée, ny à un

E

Temple prés saint Adrien, aux trois marchez, outre que tant d'autres bases, qui ont esté déterrées, suffisent pour faire voir combien cet abus est mal fondé.

Mais sans s'arrester à ces exemples ny à l'autorisé mesme de Vitruve je dis qu'il n'est pas raisonnable que toutes les autres colonnes ayant des Bases, il n'y ait que la Dorique qui n'en ait point : car elle ne se pourroit soutenir en aucune maniere, quand mesme elle poseroit sur un piédestal, comme quelques-uns en mettent devant leurs Arcades, ainsi il doit y avoir une Base necessairement à cet Ordre.

La Base Attique que décrit Vitruve est simple & differente des autres plus ornées qui ont esté employées aux autres Ordres, parce qu'il s'agit seulement dans cet endroit de l'Ionique : pour ce qui est de la hauteur il n'y a rien à redire, mais les listeaux de la Scotie sont trop hauts, & la Saillie qu'on luy donne d'un quart de module est trop grande, & par consequent defectueuse. Il y a encore des Colonnes Attiques ou pilastres quarrez inventez par les peuples Attiques.

La Base Ionique de Vitruve imitée par Vignolle, n'a point d'exemple dans l'antique. Le gros tore qu'on y met sur deux petites Scoties & deux petits astragalles rend son profil desagreable, & semble estre contraire à la solidité.

Pour le Chapiteau Toscan, Vitruve luy donne un demy module de hauteur, & un module de largeur à chaque face, parce qu'il diminuë le fust d'un quart du Diametre du bas de la Colonne, ainsi la Saillie du Chapiteau est d'un huitiéme de module de chaque costé, ce qui seroit bien si l'ove n'estoit point trop haut, & si le gorgerin n'estoit point trop bas, enfin tout cela fait que ce Chapiteau est defectueux.

Vitruve croit que les volutes du Chapiteau Ionique imitent la frisure des cheveux des femmes anciennes, comme on le voit par les Medailles & par les Statuës. Cette opinion ne me semble pas vray-semblable n'y ayant rien dans ces volutes, qui ait rapport à des cheveux, ny rien dans aucun Chapiteau qui ressemble à un visage.

Vitruve parle encore assez succintement du Chapiteau Corinthien. Il donne à la ligne diagonale de l'Abaque deux Diametres de la Colonne, & pretend que cela doit bien faire pour les quatre faces : il veut encore que par embas ce chapiteau soit gros comme le Diametre superieur de la Colonne, sans les feuilles. Pour ce qui est de la hauteur du Chapiteau que Leon Baptiste Alberti a suivie, il ne luy donne en tout que le diametre du bas de la Colonne, dont la septiéme partie fait l'Abaque, & le reste est divisé en trois pour les premieres & les secondes feüilles, la troisiéme étant pour les volutes & helices qui s'assemblent en devant, & pour celles qui se rencontrent sous les coins de l'Abaque, les helices & les fleurs estant au milieu, les fleurs, ayant autant de largeur que l'Abaque est haut : & voilà tout ce que Vitruve dit du Chapiteau Corinthien.

Si l'on compare ce Chapiteau aux Antiques, dont la pluspart sont d'un sixiéme plus hauts, il paroist bas & écrasé, l'Abaque est trop large, & les fleurs trop petites, de plus les saillies ne sont point determinées: en sorte qu'il y a sujet de s'estonner que des maistres de l'Art ayent fait leurs Chapiteaux de cette maniere avec des feüilles de chesne contre l'usage des Anciens, qui cependant font grand cas de ceux qui sont d'u-ne autre sorte tels qu'on les voit à la Rotonde, aux trois Colonnes du marché Romain, & en plusieurs autres endroits, comme nous ferons voir dans la description de ce Chapiteau.

CHAPITRE VII.

Des Ornemens principaux qui se mettent au dessus des Colonnes
& de leurs parties differentes ; des Toits & des Frontispices
de diverses manieres.

POur parler de choses plus importantes, plusieurs ont estimé qu'il fallost faire les entablemens d'une grande hauteur, en sorte qu'il y en a qui leur ont donné le quart de la Colonne, d'autres le tiers, & même la moitié ; de maniere que l'Ordre Dorique dans leurs ouvrages n'est pas même distingué par la hauteur de ses Metopes & de ses Trigly-phes d'avec les ordres les plus delicats, & cela rend sa Corniche plus basse qu'elle ne doit être, & est cause d'un grand défaut dans l'ordon-nance.

Un des principaux inconveniens qui arrive par ces sortes d'entable-mens disproportionnez est que l'ouvrage devient trop pesant, & les Co-lonnes trop foibles, sur tout si les Corniches ont une grande saillie, qui les fait paroître en danger d'estre rompuës & de tomber ; outre qu'elles empeschent de voir les parties qui sont au dessus dans les dehors, & ostent une partie de la lumiere dans les appartemens, sans parler de la dépense qu'elles augmentent considerablement.

La difficulté de faire la juste division des Metopes & des Triglyphes dans l'Ordre Dorique, & la distribution des Modillons dans les autres ordres sont cause de plusieurs deffauts, car il arrive de là que ces par-ties ne tombent pas à plomb sur l'axe des Colonnes, & que les roses ne sont pas dans de parfaits quarrez, comme elles sont à la pluspart des edifices Antiques : c'est ce qui a fait que les Modernes qui ont voulu estre exacts dans ces distributions, ont esté contraints de mettre des piédroits aux angles de retour, comme il y en a aux ordres Dorique & Ionique de la Bibliotecque de saint Marc, & que j'ay été obligé de faire mesme chose à la Procuratie Neuve que j'ay basti sur la Place.

Quelques-uns des anciens & Vitruve même ont fait les entablemens fort bas & les frises étroites, ainsi qu'il se voit à l'Arc-d'Ancone où l'entablement n'est que d'un sixiéme de la Colonne, ce qui est de petite maniere : de plus les uns & les autres n'ont peu s'accorder sur les espaces des Modillons qui ne tombent pas à plomb sur les Colonnes, ny faire que leurs arcades & leurs colonates formassent des façades regulieres. Il arrive encore que les entablemens trop bas repugnent à la solidité, leurs architraves n'ayant pas assez de force, ce qui est desagreables à voir.

Pour approfondir cette matiere, il faut observer en combien de differentes manieres les Anciens ont traité les Ornemens, tantost avec peu, & tantost avec beaucoup de relief, & que cela a esté cause que les Architectes Modernes, se sont jettez dans l'une ou dans l'autre de ces extremitez sans faire reflexion ny aux Ordres, ny aux lieux où ils doivent estre employez. Cela vient encore du peu de connoissance qu'ils ont eu de ce qui est beau & de ce qui ne l'est pas, n'ayant pas le jugement necessaire pour en faire un bon choix : la pluspart mesme ont cru que ces Ornemens n'estoient pas faits pour les ouvrages où ils les voyoient, mais qu'ils avoient esté apportez d'ailleurs, comme de la Grece & d'autres lieux, & ainsi qu'ils n'avoient nul rapport aux ordres où on les avoit employez, ce qui se remarque estre assez souvent vray dans les fragmens de l'Antiquité.

Vitruve donne de hauteur à l'Architrave, la moitié du pied de la Colonne qu'il établit pour module : cette mesure est trop petite quand il n'a qu'une seule face, & les Architraves sont trop foibles. L'Antique n'a point suivi ces proportions, ayant fait cet Architrave plus haut, tel qu'est celuy du Theatre de Marcellus, du Colizée & quelques autres qui ont été trouvez ensevelis parmy des ruines. Pour la Frise la hauteur d'un module & demy qu'il luy donne est necessaire pour rendre la metope quarrée. Mais la demy metope sur l'angle ne peut pas estre entiere à cause de la diminution de la Colonne, qui est d'un cinquiéme de sa grosseur, de sorte que cette demy metope ne doit avoir qu'un tiers de la largeur de la metope entiere. Ceux qui ont eu plus d'égard à l'autorité de Vitruve, qu'aux raisons pour lesquelles on fait les choses, ont suivy cette erreur de donner trop de hauteur aux frises, ce qu'on remarque non seulement dans leurs écrits, mais encore dans les ouvrages publics qu'ils ont bastis, où ils ont encore fait les principaux Arcs trop bas, ainsi qu'il se voit dans la Biblioteque de Venise & au Palais de Vicence, qui sont des ouvrages de grand conséquence.

Et pour retourner à Vitruve, il met sur la frise une bandelette au Chapiteau des Triglyphes, & ne fait sa corniche que de trois membres quand elle est toute entiere de niveau, & ne luy donne qu'un module, mais lors qu'il y a un fronton, il adjoûte une gorge & un filet, & cette corniche vient à estre chetive & avec tres-peu de membres eu égard à son ordre : ainsi ce qu'il y a de supportable est, que l'entablement est le quart de la Colonne de sept modules sans base.

Quant à l'Ordre Ionique pour les Colonnes depuis douze pieds jusques à trente, à trente, il donne aux plus petits Architraves un module & aux plus grands la douziéme partie de la hauteur de la Colonne : ce qui rend les premiers trop foibles & les derniers trop hauts & massifs, outre que les parties n'ont pas de rapport les unes aux autres ; & cette petite cimaise, avec ces trois faces de trois, de quatre & de cinq parties, sont des choses sans raison & fort differentes des ouvrages Antiques. Pour ce qui est de la frise lorsqu'elle est lice & simple, il la fait moindre de la quatriéme partie que l'Architrave, & si elle est ornée, il la fait plus haute de la quatriéme partie : mais par cette maniere les frises lices sont trop basses & les autres sont bien proportionnées, parce que la Saillie des Architraves n'en paroit pas diminuer la hauteur.

Or pour tirer quelque regle des preceptes de Vitruve, considerant les proportions qu'il donne entre le plus & le moins, la Corniche Ionique sur une colonne de vingt pieds de huit diametres de hauteur avec la base & le chapiteau, ne sera gueres plus haute que l'Architrave avec sa grande saillie, ainsi les membres seront disproportionnez, & le denticule trop haut par rapport aux autres parties. C'est pourquoy la Corniche sera chetive & fort éloignée de la beauté de celles des anciens édifices.

Ce qu'il y a de plus remarquable, est, que Vitruve fait ces entablemens d'un cinquiéme sur differentes hauteurs de Colonnes, ce qui n'a pas esté bien entendu de ses Commentateurs ny des autres Architectes, & qui est toutefois à suivre : Et il faut observer qu'il pretend que tous les membres des entablemens doivent saillir en dehors ou incliner en dedans de la douziéme partie de leur hauteur ; afin, dit-il, qu'ils ne paroissent pas racourcis comme s'ils estoient à plomb. Cette subtilité de perspective est plus speculative que pratique, & elle n'a point esté pratiquée par les anciens, estant contraire à la solidité, parce que toutes les parties semblent porter à faux, outre que cela est desagreable à voir : car par exemple si le timpan du fronton du Pantheon inclinoit en dedans, ce seroit de deux pieds, & la Corniche au sommet porteroit en l'air de cette quantité.

Or pour parler des toits & des Frontons, Vitruve fait la hauteur du Timpan, qui est cette espace triangulaire compris entre les Corniches de niveau & les pendantes, seulement de la neuviéme partie de sa base, & cette proportion le rend trop bas, quoyqu'il se trouve que celuy du Temple d'Aurelien en a moins. Or peut-estre qu'il a entendu cette hauteur estre la pente des combles qui estoient ordinairement couverts de tables de bronse, ce qui seroit supportable, autrement son texte seroit corrompu, & il faudroit lire deux neuviémes, qui est une belle proportion : tout de mesme lorsque peu aprés il parle des Acroteres, qui sont de petits piedestaux posez sur les extremitez de la pente & sur le sommet du fronton, il donne aux Acroteres d'embas la moitié de la hauteur du Timpan, & à celuy du milieu, une huitiéme partie de plus ; ce qui est

F

éloigné de la raison, & de la pratique des anciens.

Pour ce qui est de la hauteur des Frontons elle est incertaine, & dépend du nombre des Colonnes dont est composée, la façade d'un porche qui en a ou quatre, six ou huit, & quand mesme les hauteurs de ces frontons seroient pareilles, celles des acroteres devroient estre differentes, & par consequent, selon la regle de Vitruve, elles deviendroient desagreables à la veuë.

CHAPITRE VIII.

Des differentes sortes de piedestaux, aux Entre-colonnes des Portiques, & de la difference des principales Arcades.

ENtre les Auteurs qui ont écrit des proportions des Ordres, il y en a peu qui ayent bien reglé leurs mesures. Quelques-uns ont fait des Piedestaux ronds ou à pans; d'autres les ont fait trop bas, en forme de zocles de colonnes, ou trop haut & menus; d'autres en ont tiré les proportions des vuides des Arcs ou du quarré ou de la diagonale du tronc des mesmes Piedestaux; mais toutes ces manieres sont peu convenables à la grace qu'ils doivent avoir: car cela va à ne donner que le quart à leurs piedestaux sous des Colonnes Corinthiennes, de maniere qu'ils sont plus bas que ceux des Colonnes Ioniques, & tout cela sans avoir de regle certaine ny pour les bases ny pour les corniches; & de plus ces piedestaux ne s'augmentant point à proportion des entablemens, l'édifice n'en reçoit point la legereté & la delicatesse qu'il doit avoir.

Il y a aussi des Architectes qui les ont fait d'une hauteur si excessive qu'outre qu'ils sont tous-contraires à la solidité, les Toscans different peu d'avec les Corinthiens. Il est vray qu'entre les anciens, il se trouve que les piedestaux de l'Arc de Constantin ont deux cinquiémes de leurs Colonnes, mais les uns & les autres sont contraires à l'ordre naturel des choses, outre que cette hauteur est desagreable: Elle est encore incommode, lors que dans une loge elle ne permet pas qu'on puisse s'acouder pour regarder, parce que les grandes saillies des corniches en empêchent.

Lors que Vitruve dans la description des Temples, parle des sousbasemens qui regnent de trois côtez, parce que les degrez sont au devant, il pretend qu'à ces piedestaux les bases & les corniches doivent faire des saillies au droit des Colonnes par escabeaux impairs, mais que l'appui doit regner de niveau: ces escabeaux impairs ont divisé les sentimens de ses Commentateurs, qui ont interpreté ces termes si diversement, qu'il se trouve dans quelques-uns des opinions tout-à-fait ridicules sur ce sujet.

A l'égard des Entre-colonnes, les uns les ont faites trop larges, & les autres trop étroites, & ces deux excez sont vicieux : d'autres se sont arrestez aux cinq manieres que donne Vitruve, qui sont le Pycnostyle d'un diametre & demi, le Systyle de deux, l'Eustyle de deux & un quart, le Diastyle de trois, & l'Areostyle de quatre, qui est trop large si les architraves sont de pierre : il ajoûte encore qu'il faut faire l'Entre-colonne du milieu du porche plus large que les autres pour en faciliter l'entrée, ce que les modernes ont negligé, les ayant faits égaux, quoy que Vitruve fasse de grandes difficultez sur ce que ces Entrecolonnes du milieu sont trop étroits, les modernes ne s'y sont pas arrestez, les proportionnant aux ordres, & sans considerer que Vitruve met ses colonnes sur le rez de chaussée, & qu'ils les mettent sur des piedestaux, & ne determinent point les Entre colonnes du milieu des porches, d'où il est arrivé de notables deffauts dans les ordonnances.

Un des principaux inconveniens est que ces Entre colonnes ne sont pas proportionnées les unes aux autres, & que cette disposition doit avoir rapport aux espaces des triglyphes, des Modillons, & des Alettes angulaires, quand mesme les colonnes occuperoient les deux premiers étages, selon l'usage dont on se sert à present, bien different de ce qui se pratiquoit dans les vestibules & dans les peristyles des anciens, où ces dispositions estoient avantageuses. C'est pourquoy sans avoir égard tant aux monumens qu'aux écrits qui restent, il faut examiner les raisons qui doivent estre fondées sur les temps, sur le lieu, & sur les personnes pour qui l'on travaille.

Pour ce qui est des Portiques, afin de faire connoistre qu'elle est l'intention de Vitruve, quand il en parle en divers endroits, & particulierement pour les Temples, où il les fait doubles ou simples, ou pour ceux de la basilique ; il les fait toûjours de la hauteur de toute la Colonne ainsi que pour les Portiques doubles de derriere la scene ; & il fait aussi la mesme chose aux portiques internes de la Palestre, & encore à ceux qui sont aux côtez du Xyste, & aux trois costez du peristyle de la Maison Grecque : De maniere que les premiers sont étroits afin d'en pouvoir faire les plafonds de pierre, ainsi qu'ils sont à la plûpart des Temples ; car pour les autres, comme ils sont trop larges, & par consequent fort bas, ils ne peuvent estre que de bois, ou voûtez.

Pour les principaux Arcs des portiques avec colonnes & piedestaux, Vitruve n'en a point parlé, & les Architectes Modernes les ont fait ou trop bas ou trop hauts, tant dans leurs vuides que dans les autres parties & les uns & les autres n'ont point determiné les grosseurs des piedroits ou jambages entre les Arcades ; qui sont des choses qui doivent avoir des proportions convenables à l'ordre & à la charge que l'Edifice soutiennent, ainsi qu'il est pratiqué au Theatre de Marcellus, au Colisée, & aux Arcs de Triomphe.

Certains Architectes ont fait les Alettes ou coftez du piedroict, tantoft d'un quart tantoft d'un demi ou de deux tiers de module, indifferemment pour les ordres maffifs & pour les delicats, fans prendre-
garde qu'ils deviennent trop foibles pour les ordres maffifs, & trop
pefans pour les delicats, & que ces proportions ne s'accordent pas
avec la jufte diftribution des Modillons & font caufe du mauvais compartiment des jambages angulaires

Il ne fe trouve point de regle certaine dans les Auteurs qui ont
traitté de l'Architecture pour la proportion des Impoftes, qui doivent eftre proportionnez aux arcades & aux Alettes. Il fe trouve encore qu'il y en a qui ont fait pofer leurs arcs fur des chapiteaux, ce
qui eft un defaut, comme de compofer ces impoftes des parties du
chapiteau Dorique, car cela ne convient point aux ornemens d'une
porte : ils ont auffi negligé de donner une jufte mefure aux Bandeaux des arcs qui font des chofes tout-à-fait effentielles dans la com-
pofition des ordonnances : & toutes ces fautes proviennent des licences
que l'on a prifes contre les regles fondamentales de l'Art, & pour
n'avoir pas pris-garde aux juftes efpaces qu'une colonne doit avoir
de fon centre à celuy d'une autre.

CHAPITRE

CHAPITRE IX.

*Des Portes principales, de leurs differens ornemens & Moulures,
avec quelques reflexions sur ces choses.*

PUisque les proportions des principales portes n'ont point esté
determinées par les Architectes Modernes qui n'ont pas entendu
Vitruve, comme il paroît dans leurs Commentaires, sur l'explication
de la porte Dorique & de l'Ionique, où il y a apparence qu'ils se sont
trompez dans l'interpretation du texte de cet Auteur, prenant souvent la
hauteur de la porte pour sa largeur, il est à propos d'en parler. Une
des principales causes de ces defauts, est l'incertitude dans laquelle on
est des proportions qu'ont en les colonnes Doriques & les Ioniques,
& leurs Entrecolonnes, avec les largeurs & hauteurs de ces portes,
les exhaussemens du plafond du portique estant indeterminez: car on
n'a pas peu juger jusques où pouvoient monter les ornemens de dessus
les portes: or de ces plafonds il y en a qui se font par renfoncement &
qui sont ornez de moulures dont il y a beaucoup d'exemples dans les
bastimens antiques qui reüssissent avec succez.

L'ornement de la porte Dorique, dont parle Vitruve, a encore
esté mal entendu de ses Commentateurs, dont il y en a qui ont creu que
cette haute corniche dont il fait mention, estoit une table pour mettre
une inscription, & que la corniche qui la couronneroit, devoir estre
de la hauteur des chapiteaux Doriques du portique; en quoy ils se sont
beaucoup trompez, parce qu'ils ont pris le mot de *plano*, pour la
forme de la corniche, & c'est la place où elle doit estre, sçavoir au
dessus de la porte: d'autres se sont imaginez que l'ornement de dessus
la porte devoit avoir de hauteur la moitié de celle de la porte, d'où il
est arrivé qu'ils ont égalé à cette hauteur les chapiteaux Doriques,
qui sont devenus pesans & disproportionnez aux portes. Quant au
retrecissement qu'on donne aux portes par le haut ainsi qu'à leurs
chambranles, il faut que cette maniere n'ait pas aussi esté entenduë,
ne se pouvant soutenir par aucune valable raison, & si cela étoit supor-
table, ce seroit à la porte de quelque Forteresse plûtost qu'à celle d'un
Temple ou d'un Palais.

Et pour expliquer en détail les ornemens que Vitruve donne à ces
portes, le chambranle est, ce me semble, trop pauvre n'ayant qu'une seule
face & un talon pour la porte Ionique, & il y a apparence que les colonnes des portiques avoient des piedestaux, ou que le texte de Vitruve est
corrompu, lors qu'il dit que toute sa hauteur se divise en deux parties
& demi, & donne d'ouverture par le bas, une de ces parties & la moitié,
& ainsi selon cette regle elle devient plus large que la Dorique, & par

G

qui sçauroit mieux convenable à l'Ionique, ce qui est fort esloigné de la
hauteur des plus belles portes Antiques, qui ont presque toutes le double
de leur largeur, ou bien si le texte est correct, il faut entendre que toute
la hauteur de la colonne est divisée en 5. parties ; jusques sous le sosite
comme à la Dorique, dont on en donne deux à la hauteur de la porte &
pour la largeur une partie - car ajoûtant à cette hauteur le piedestal
des portiques Ioniques, elle deviendroient proportionnées, ayant un
peu plus que le double de leur largeur.

Pour ce qui est des portes mobiles, Vitruve en parle peu, il dit seulement qu'outre les simples il y en avoit qui s'ouvroient à quarre vanteaux, deux en bas & deux en haut, ces portes estant coupées, peut-
estre pour eviter le grand poids qu'elles auroient dans toute leur hauteur, qu'il y en avoit d'autres qui s'ouvroient à deux vanteaux & à quatre, pour faire des portes brisées, ce qui estoit necessaire parce qu'elles estoient la pluspart de bronze : celles de la Rotonde sont les plus
belles qui restent de l'Antiquité Quant aux ornemens, les plus éclairez
n'ont pas peu entendre l'intention de Vitruve, ainsi nous en avons
perdu la connoissance, quoyqu'il nous en reste quelque chose dans
les fragmens de l'Antiquité. Dans les Chapitres suivans en traittant
chacun de ces ordres, nous parlerons des portes qui leur conviennent.

Les Architectes Modernes ne se sont pas assez expliquez sur les
proportions des fenestres, des niches, des cheminées, & n'ont pour
ainsi dire, fait qu'ébaucher cette matiere, qui estant obscure aux
personnes intelligentes l'est encore davantage aux esprits mediocres.
Ils ont fait leurs profils sur regle & par pratique, comme les Peintres ; ce qui estant examiné, on y trouvera beaucoup de defauts, qui
n'y seroient pas s'ils avoient pensé avec plus d'estude à toutes ces choses : car quand ils ont divisé leurs Modules, les diverses manieres
dont ils se sont servi, ont embroüillé ceux qui les ont voulu comprendre.
Philbert de Lorme les a divisez en palmes, minutes, & onces ;
Vignolle en douze parties pour le Toscan & le Dorique, & en dix-
huit pour les autres ordres ; & d'autres comme Palladio les ont divisez en soixante, qui est la meilleure maniere, parce qu'elle donne plus
facilement le détail des parties, mais tant de fractions sont incom-
modes. Et ce qui est de singulier, c'est que de toutes ces manieres
on ne peut tirer aucun avantage pour arriver à la parfaite connoissance de la Theorie : c'est ce qui m'a fait chercher avec beaucoup
d'estude un autre chemin & plus facile qu'on connoistra dans la
suite.

Pour faire reflexion sur tout ce qui a esté dit cy-devant, on peut
remarquer que les plus excellens hommes qui ont traitté de l'Architecture ont obmis ses plus importantes parties ; que s'ils les ont effleurées,
ils les ont rendu plus obscures ; que leur doctrine n'est point confor-

me aux regles de l'Antiquité , & que leurs opinions ne peuvent pas
eftre foûtenuës, & qu'ainfi elles ne doivent point prevaloir fur celles
qui font fondées fur des raifons valables ; ce que je dis fans paffion,
parce que j'appuyeray dans la fuite mes regles par celles de la nature
& de l'Architecture antique, & je crois que les modules reformez &
les deffeins des ordres bien executez feront de grande utilité.

CHAPITRE X.

De l'excellence des Anciens sur les ornemens des Edifices; des Ordres en general, & de leurs proportions qu'on ne doit point changer.

IL n'y a point de doute que les Edifices sacrez ne soient les plus nobles sujets de l'Architecture, & ceux où les ordres ont esté les premiers mis en œuvre ; on en peut facilement juger par les excellentes inventions dont les Anciens les ont decorez, qui dans leurs ornemens ne se sont point éloignez des bonnes regles de la Nature & de l'Art : les monumens qui restent dans la Grece & dans l'Italie, sont des preuves de leur excellence, & les témoignages des écrivains de l'Antiquité nous font voir combien estoient recompensez ceux qui par des productions extraordinaires s'estoient distinguez dans ces ouvrages.

La beauté effective des Ordres qui provient des admirables genies de leurs inventeurs & l'usage frequent qu'en ont fait les Anciens, nous doivent confirmer dans l'estime de ces chef-d'œuvres, & nous empêcher de nous jetter dans des inventions capricieuses qui seroient en danger de n'avoir pas la même approbation. Or pour parler de la hauteur des colonnes dont toutes les autres parties dépendent, il faut observer que dans les plus excellens édifices antiques, il n'y a point de colonne qui avec sa base & son chapiteau, ait excedé dix Modules, quoyque celles de Sainte Estienne le Rond à Rome en ayent onze, mais aussi n'est-ce pas un ouvrage comparable à ceux qui tiennent le premier rang, & il semble qu'il est aussi defectueux à une colonne de surpasser cette quantité de Modules, qu'à un homme d'avoir plus de mesures de teste qu'il n'en faut pour estre bien proportionné.

Quant à la hauteur des colonnes basses qui doivent estre plus solides & proportionnées au poids qu'elle doivent porter, le nombre des sept Modules est le meilleur, quoyqu'il s'en trouve de six, qui est la proportion des hommes nains ; aussi ces colonnes sont-elles sans grace, & leurs parties n'ont point de relation entr'elles : Il est pourtant vray que la proportion de huit Modules est encore meilleure que celle de sept, & les colonnes Trajane & Antoniane quoyque Toscanes en ont jusqu'à huit. La proportion du quart de la colonne pour l'entablement est fort judicieuse, parce que la grande hauteur que cela fait avoir à la frise, est en quelque façon corrigée par l'interruption que font les saillies, qui representent les testes des poutres posées sur l'Architrave. Il est aussi à propos de donner le quart aux piedestaux, compris le simple zocle qui leur sert d'embasement : il faut encore remarquer que l'autorité de Vitruve jointe aux exemples des colonnes

Trajane

Trajane & Antonienne qui sont Toscanes, & qui ont des piedestaux, détruisent l'opinion de ceux qui ont privé cet ordre de son piedestail.

La colonne Dorique, qui doit estre forte comme tenant de la nature d'un Hercule, sera bien proportionnée si elle a huit Modules : Vitruve donne encore à cet Ordre avec beaucoup de raison, l'entrecolonne du diastyle & à l'entablement le quart de la colonne & quatre treiziémes au piedestail ; car ces mesures rendent toutes les parties bien proportionnées : nous avons pris ces proportions dans les plus fameux ouvrages de l'antiquité.

Pour l'Ordre Ionique qui est un ordre feminin, sa colonne sera fort agreable, si on luy donne huit Modules ½ compris sa base & son chapiteau, cette grandeur estant une moyenne proportionnelle entre les plus grandes colonnes & les plus petites, dont Vitruve a determiné les hauteurs, outre qu'elles approchent fort de celles du Temple de Diane d'Ephese : l'entablement doit avoir un cinquiéme, & le piedestail deux septiémes de la hauteur de la colonne.

Mais pour l'Ordre Romain que les Modernes ont nommé mal à propos Composite, & qu'ils mettent mal aussi, à la place du Corinthien, nous avons jugé que son rang devoit estre entre l'Ionique & le Corinthien, parce qu'il est plus solide que le dernier : sa proportion doit estre de neuf Modules ½ avec sa base & son chapiteau : l'entablement doit avoir la cinquiéme & le piedestail une partie de trois & ½ de la hauteur de la colonne.

Enfin l'Ordre Corinthien qui est le plus delicat & dont les proportions doivent avoir rapport à celles du corps d'une jeune fille, doit estre au dessus des autres, & il faut donner à sa colonne avec sa base & son chapiteau dix Modules de hauteur, l'entablement doit estre du cinquiéme de la colonne, & le piedestail du tiers ; ce piedestail estant le plus haut de ceux qui sont bien proportionnez.

Mais pour bien juger de l'effet de ces Ordres, j'en donne une planche où ils sont tous cinq, afin de les pouvoir comparer les uns aux autres, & ensuite je passe à leur explication particuliere.

H

ORD.ᴱ TOSCANO.

ORD.ᴱ DORICO.

ORD.ᴱ IONICO.   ORD.ᴱ ROMANO.   ORD.ᴱ CORINTO.

Vinc. Scamozzi Ar.

CHAPITRE XL

De la proportion des Colonnes & des Pilastres seuls, ou de ceux qui sont les uns sur les autres ; de leur diminution, de leurs cannellures, & des differentes mesures des bases & des chapiteaux.

LES Colonnes doivent estre d'une forme agreable, & qui responde à l'usage pour lequel elles sont inventées, la forme ronde est la plus parfaite, parce qu'elle imite les arbres d'où les Colonnes ont pris leur origine; il faut éviter de les faire ou à plusieurs pans ou triangulaires, ou torses en maniere de vis, ainsi qu'il s'en voit en plusieurs Edifices.

Quant à la disposition elles peuvent estre seules comme quand on les veut faire servir à des monumens consacrez à la memoire des grands Personnages telles que sont la Trajane & l'Antonienne : on les peut faire isolées, & disposées par nombres pairs, comme 2. 4. 6. 8. 10. ainsi qu'elles sont aux porches des Temples, ou isolées avec des Pilastres derriere comme aux Arcs de Septime Severe & de Constantin, ou simplement posées contre les murs sans pilastres, comme au Temple de la Paix, ou dans des niches, pour les faire paroistre entieres, ou enfin engagées dans les murs d'un tiers ou de leur moitié, comme à l'Arc de Titus & aux Amphitheatres.

Quoyque les colonnes rondes soient le plus bel ornement des Edifices, on peut neantmoins se servir aussi de colonnes quarrées aux angles des façades, comme Vitruve en a mis aux ailes des Temples, & à l'entrée de la Maison particuliere des Grecs. Les Pilastres ont beaucoup de grace, & enrichissent l'ouvrage lors qu'on en orne les principales portes, les fenestres & les niches. Quand ils sont espacez regulierement aux loges ou portiques au dedans & au dehors, comme je les ay mis en œuvre aux trois Ordres dans les cours derriere le Palais des Procurateurs de Saint Marc, & que l'entablement regne sur le nu de leur face, l'Edifice en reçoit plus de beauté & de solidité, outre que leur dépense est bien moindre que celle des colonnes.

C'est une regle generale que les Pilastres ne doivent jamais saillir plus du quart de leur largeur, parce que cela suffit pour recevoir les saillies des Impostes & autres ornemens des portes, des niches & des fenestres, ce que les Anciens ont observé regulierement : mais lors qu'il n'y a point de parties saillantes qui se terminent dans les costez des Pilastres, il suffit que leur saillie soit de la huitiéme partie de leur largeur ; & si sur une mesme ligne il y avoit des colonnes & des pilastres dans une façade, il faudroit alors les faire saillir autant que les colonnes, qui doivent sortir du mur plus de la moitié de leur Diametre. Or on
ne

ne fe doit point éloigner de ces regles generales, fi quelque neceffité ne contraint de faire le contraire.

Pour ce qui eft des Ordres mis les uns fur les autres, il fe trouve des Edifices où ils ne font point fuivant le rang qu'ils doivent tenir : cela fe voit au Temple de Minerve dans l'Elide où il y a un Corinthien fur un Dorique : mais il eft plus à propos de fuivre l'exemple du Theatre de Marcellus & du Colizée, où les Ordres font pofés confecutivement & en leur rang. Quant à la proportion qu'un Ordre fuperieur doit garder à l'égard de fon inferieur, Vitruve veut que celuy de deffus ait le quart moins que celuy de deffous : nous voyons le contraire au Theatre de Marcellus où il y a deux Ordres, au Septizone de Severe où il y en a trois, & au Colizée où il y en a quatre. Pour moy je croy qu'il eft à propos que le diametre inferieur des colonnes de deffus foit egal au diametre fuperieur de celles de deffous, & toûjours de fuite en cette maniere ; car des colonnes doivent eftre confiderées les unes fur les autres comme reprefentant un grand arbre, dont la tige feroit interrompuë par les entablemens, ce qui s'accorde avec la raifon & avec la folidité.

La proportion & le caractere des colonnes fe doit plutoft faire connoiftre par la longueur du fuft, que par les bafes & chapiteaux, & par confequent les plus maffives font plus courtes que les plus delicates, comme le tronc d'un Chefne eft plus racourci que celuy d'un Pin & d'un Cyprez, dont les colonnes imitent auffi la diminution. Or quant à cette diminution, elle n'a pas efté faite avec affez de foin par les Architectes Modernes, qui n'ont pas eu d'égard au caractere des Ordres ; car c'eft fur ce caractere qu'il fe faut regler, les ordres maffifs demandant à eftre plus diminuez que les delicats : ainfi la colonne Tofcane doit diminuër par le haut d'un quart de fon diametre inferieur, & il faut que cette diminution commence au quart de la hauteur du fuft ; la Dorique doit diminuër d'un cinquiéme ; l'Ionique d'un fixiéme, l'une & l'autre entre le quart & le tiers de la hauteur du fuft ; l'ordre Romain doit diminuër d'un feptiéme, & le Corinthien d'un huitiéme, cette diminution commençant au tiers du fuft : car plus les colonnes font hautes & moins elles doivent diminuër, ainfi qu'il fe remarque à celles du porche de la Rotonde qui ne diminuënt que d'un dixiéme, parce qu'elles ont quarante de nos pieds de hauteur, & que s'élevant beaucoup elles paroiffent diminuër à la veuë, & cet effet eft naturel à tous les corps qui s'élevent à une grande hauteur.

Il faut orner les colonnes felon la folidité ou la delicateffe de l'Ordre & felon leur matiere : c'eft pourquoy les cannelures qui font un des principaux ornemens de leurs fufts, ne conviennent pas aux Ordres maffifs, & ceux des colonnes delicates le doivent eftre depuis le bas jufqu'au haut, tout droits, & non pas tournez en manieres de vis, ny avec des feüillages comme ils font au petit Temple de Treni ; parceque

I

de tels ornemens diminuent la solidité & la majesté que doivent avoir les Colonnes qui sont des corps destinez à porter les autres.

Le nombre des cannelures ne peut estre moindre que de vingt, ny plus grand que de vingt-huit; mais celuy de vingt-quatre est le meilleur, selon Vitruve, quoyqu'il aille quelque fois jusques à trente-deux, parce que dans ce nombre de vingt-quatre elles ne sont ny trop larges ny trop serrées; aussi ce nombre est il le plus frequent aux colonnes antiques: les colonnes Doriques (car on cannele rarement les Toscanes) doivent avoir moins de cannelures que toutes les autres, & le plus grand nombre est pour les Corinthiennes. Pour avoir au juste la profondeur des cannelures, il faut que mettant un esquierre dans la cannelure, son angle touche au fond, & qu'en mesme temps ses bras touchent aux deux costez qui ne doivent jamais estre moindres que du quart de la largeur de la cannelure, ny plus larges que du tiers de cette largeur. On ne doit point faire de cannelures à vive areste pour l'Ordre Dorique, quoyque Vitruve l'ordonne, & qu'il se trouve encore quelques sujets antiques de cette maniere, parce que ces arestes sont sujettes à s'émousser. Il y a aussi des colonnes rudentées lors que depuis la base jusques au tiers les cannelures sont remplies, de maniere que les costes paroissent depuis le bas jusques en haut: on les remplit ainsi quelquefois dans toute la longueur du fust, comme celles du grand Autel de la Rotonde. Pour les colonnes qui dans leurs cannelures ont un rondin ou roseau, il faut qu'elles soient taillées de pierre fort dure & belle, ou de marbre: celles de Sainte Agnés hors des murs de Rome sont de cette façon. Lors qu'on cannele les pilastres, le nombre doit avoir rapport avec celuy des colonnes, & estre impair, en sorte qu'il y en ait une dans le milieu: les angles peuvent estre ornez d'un astragalle, mais il ne doit point y avoir de cannelures aux costez, à cause des Impostes & autres corps, qui peuvent venir s'y terminer.

Pour parler des bases elles ne doivent avoir jamais plus de hauteur que le demi diametre de la colonne, sans la ceinture du bas du fust: il y en a de deux especes, les simples & les doubles, les simples sont celles qui n'ont qu'une scotie entre deux tores, ou qui ont encore moins de moulures comme la Toscane: les doubles sont celles qui ont deux Scoties, deux Tores, & un ou deux astragalles. Celles-cy ne doivent estre mises en œuvre qu'aux Edifices qui ont de grandes & riches colonnes.

Enfin les chapiteaux sont de differentes especes & hauteurs selon leur Ordre & selon leurs regles generales, les Toscans & les Doriques ont un module ou demi diametre de hauteur, les Ioniques ⅓ ½ de Module, mais la chute des volutes l'augmente de plus d'un demi Module; les Romains & Corinthiens ont deux Modules & un sixiéme du diametre & ce sixiéme est pour le tailloir: ces mesures sont les plus belles qui se trouvent dans les chapiteaux antiques, quoyque Vitruve

ne donne à tout le chapiteau Corinthien que deux Modules, ce qui a
esté imité mal à propos par ses Sectateurs. Il y a sujet de croire que le
texte est corrompu dans cet endroit.

CHAPITRE XII.

De la proportion des Entablemens, des Toits, des Frontons, des
Piedestaux, & des Embasemens en general.

PUisque nous avons traitté des colonnes & de leurs parties, il reste
à parler des Entablemens qui contribuent si fort à leur embel-
lissement : il faut qu'il se trouve dans l'Architrave la solidité, dans la frise la grace, & dans la corniche la legereté. Or nous donnons à l'entablement Toscan & au Dorique le quart de leurs colonnes qui est de
sept diametres & demi avec leurs bases & chapiteaux, de maniere que
cette hauteur d'entablement vient à estre un Module & sept huitiémes ; toute cette hauteur se divise en dix-huit parties & un troisiéme,
desquelles on donne cinq à l'Architrave, six à la corniche, & les six
autres parties avec un troisiéme à la frise. L'entablement Dorique dont
nous avons pour exemple celuy du Theatre de Marcellus, a deux diametres & un huitiéme de la hauteur de la colonne, qui en a huit un
deuxiéme ; & cette hauteur de deux diametres un deuxiéme se divise en
dix-huit parties & un sixiéme, dont l'Architrave prend cinq, la corniche six, les sept & un sixiéme demeurant pour la frise.

Dans les Ordres Ionique, Romain & Corinthien, l'entablement a
le cinquiéme de la hauteur de la colonne. Ainsi dans l'Ionique qui a
huit Modules trois quatriémes, l'entablement a un Module trois
quatriémes, dans le Romain qui a neuf Modules trois quatriémes, l'entablement a un Module dix-neuf vingtiémes, & dans le Corinthien
qui a dix Modules l'entablement a deux Modules. Or chacun de ces
entablemens se divise en quinze parties, dont l'Architrave a cinq parties, la frise quatre, & la corniche six, & on donne ordinairement à ces
trois Ordres des Modillons qui estant d'un grand ornement peuvent
difficilement estre retranchez. La hauteur de l'entablement prise pour
ces Ordres du cinquiéme de la colonne reüssit bien, parce qu'elle tient
la moyenne proportionnelle entre le quart qui est trop pesant, & la
sixiéme qui est trop foible, comme on le voit à l'Arc de Trajan au
port d'Ancone. Et l'authorité de Vitruve jointe à l'exemple du Colizée,
confirment cette regle : mais aussi faut-il prendre garde que lors
que la frise est ornée, comme ordinairement elle l'est à ces Ordres,
elle doit estre plus haute selon que le cas le requiert, ce qui depend du
jugement de l'Architecte.

Pour expliquer plus en destail les parties qui composent l'entablement selon nos mesures, l'Architrave dans chaque Ordre aura un quatorzieme de la hauteur du fust de la colonne, & les frises sans ornemens, aux Ordres Ionique, Romain & Corinthien, auront un dixhuitième ÷ du fust de leur colonne : la hauteur de l'entablement Toscan & Dorique est determinée par la hauteur des testes des poutres, par les metopes & par les Triglyphes. Pour ce qui est des corniches dans tous les Ordres elles ont un douzième ÷ de la hauteur de leur fusts; & cette proportion peut encore servir lorsque ces corniches regnent dans les pieces des appartemens, ou quelles servent d'Impostes à des Arcs & voutes, quoy qu'elles ne soient portées ny par des colonnes ny par des pilastres.

Quant aux saillies des corniches qui sont determinées par les especes des Ordres, elles servent beaucoup à la varieté de l'aspect d'une façade : mais il faut sur tout observer lors qu'il y a plus d'un Ordre, que la premiere corniche soit continuë ; & il n'y a que celles des Ordres superieurs, qui doivent avoir des ressauts androit des corps qu'elles couronnent, ainsi que nous l'avons mis en œuvre dans les cours de la Procuratie à la gloire de Saint Marc.

Les Frontons augmentent beaucoup la beauté des façades lorsqu'ils sont mis à propos, comme au milieu d'une loge ou au porche d'un Temple, & le corps qui en est couronné doit toûjours estre en saillie, pour se distinguer & maistriser les autres parties continuës de l'Edifice. La proportion des Frontons est que la corniche de niveau sans la simaise, (quelle n'a jamais lors qu'il y a un fronton) doit estre divisée en neuf parties, desquelles il en faut donner deux à la hauteur que le Fronton a jusques au sommet, cette proportion estant plus agreable à la veuë que celle de deux dixiémes, plus commode pour faciliter l'écoulement des eaux, & plus conforme au Fronton du porche de la Rotonde : enfin cet ornement forme un triangle dont la base ayant dixhuit parties, les deux costez en ont chacun dix moins un huitième, & la perpendiculaire sur la base quatre parties, estant l'angle superieur à peu prés semblable à un de ceux d'un Octogone regulier. Outre les grands frontons des façades, on en peut encore mettre de petits sur les fenestres, portes, & niches; & lors qu'il y en a une suite, il est bon de les faire cintrez & triangulaires alternativement comme ils sont à la Rotonde & aux bains de Titus. Leurs Tympans peuvent estre ornez de bas reliefs, comme celuy du Temple de Castor & Pollux à Naples, & comme on pretend qu'estoit celuy de la Rotonde, dans lequel on voit les trous où estoient scelez les crampons de la bronze qui en a esté enlevée : & comme il faut que les ornemens conviennent à l'usage des lieux, & aux personnes pour qui sont faits les Edifices, on peut tailler dans ces bas reliefs, les armes, chifres, devises, & autres choses de cette nature.

Au dessus des frontons, on peut ajoûter des Acroteres ou petits piedestaux:

piedeftaux : la hauteur de ceux des coftez avec leur corniche doit eftre
egalle à la faillie de la corniche prife du centre & de la colonne ou pilaftre angulaire, fur lefquels ils doivent répondre à plomb ; l'Acrotere
du milieu doit eftre un peu plus élevé : cette proportion qui fera celle
qu'à la Diagonalle d'un quarré avec fes coftez, fera qu'eftant éloigné
de l'Edifice autant qu'il a de hauteur, le rayon vifuel ira terminer au
plinthe des Statuës, ou vafes qu'on mettra deffus fans en perdre aucune partie.

Apres avoir traitté des colonnes, de leurs entablemens & de leurs
frontons, il refte à parler des piedeftaux, qui pour eftre bien proportionnez à leurs Ordres ne doivent jamais exceder le tiers de la colonne ny avoir moins que le quart, ainfi qu'ils font à l'Arc d'Augufte à
Sufe en Piedmont, & à l'Arc de Pole en Dalmatie. Ainfi les piedeftaux
Doriques auront une des trois parties & trois quarts de partie de la
colonne, comme ils font aux Arcs d'Ancone & de Pole en Iftrie ; les
Ioniques une de trois parties & un deuxiéme de partie de la hauteur de
la colonne, comme au marché de Nerva : mais pour ceux de l'Ordre
Romain, ils auront une partie de trois & un quatriéme de partie de
leur colonne, comme auprés du Temple d'Antonin & de Fauftine;
& les Corinthiens le tiers de la hauteur de leur colonne, comme au
Temple de Nifmes & à l'Arc du vieux Chafteau de Veronne. Il faut
remarquer que lorfque les piedeftaux font d'une hauteur exceffive,
comme ceux des Arcs de Titus & de Septime Severe ; il femble que ce
foit aux Attiques que les Anciens met-
toient au deffus des Arcs de Triomphe, comme ceux du Temple de
Sifi & de l'Arc de Benevent.

Or parce qu'il faut que les hauteurs d'apuis du dedans foient commodes, s'il arrive que la proportion que l'on doit donner au piedeftail
demande qu'il foit beaucoup plus haut qu'il ne faut, en ce cas le niveau
du plancher doit reponde à la hauteur de la bafe du piedeftail, comme elle eft à la Procuratie de S. Marc & au Palais de Bergame. Les corniches des piedeftaux doivent avoir de hauteur trois huitiémes du diametre de la colonne, & leurs proportions feront les mefmes à tous
les Ordres : & leurs bafes & zocles auront trois quatriémes de Module, dont on donnera deux au zocle, le refte fera pour les moulures de
la bafe : la largeur du Tronc eft determinée par celle du Plinche de la
colonne.

Outre les piedeftaux des colonnes, il y a des embafemens d'Edifices, qui font des piedeftaux continus fous la maffe du baftiment, fi ce
n'eft qu'ils faffent faillie fous les avant-corps : leur hauteur doit marquer
le niveau du plancher du rez de chauffée, & leur ftructure doit eftre
fimple & fans moulures.

K

CHAPITRE XIII.

Des diverses especes d'Entrecolonnes qu'on peut mettre en usage;
de l'Ouverture des Arcs & des proportions de leurs parties.

LA distribution des colonnes est de consequence dans les Edifices,
tant pour la solidité que pour la beauté c'est pourquoy nous y
avons apporté tout le soin possible. Pour determiner les entrecolonnes dans tous les Ordres, la regle est que les colonnes Toscanes doivent estre distantes de trois Modules, les Doriques de deux & trois
quatriemes ; les Ioniques de deux & un deuxiéme ; les Romaines de
deux & un quatriéme ; les Corinthiennes de deux ; observant que plus
les Ordres sont massifs & plus les Entrecolonnes doivent estre larges,
outre qu'on doit avoir égard à la charge du dessus Ainsi ne suivant point
les cinq manieres de Vitruve, celle que je propose a cet avantage qu'il
n'y a pas de ces sortes d'Entrecolonnes trop etroits qui n'ont qu'un Module & demi, ny de ces autres qui sont trop larges ayant quatre Modules,
comme ceux de la basilique de Fano ; car nos Entrecolonnes diminüent
seulement d'un quart à mesure qu'ils montent : Mais parce qu'il est à
propos que l'Entrecolonne du milieu soit plus large que les autres,
cette augmentation dans les Ordres delicats doit estre d'un Modillon &
de son espace, dans le Dorique d'un Triglyphe & d'une metope, & à
proportion dans le Toscan.

Comme dans les Ordres, il se fait des ouvertures tant pour passer
que pour donner du jour, il faut que les arcades d'embas soient plus
larges que celles d'en haut, ce que les Anciens ont observé, comme
on le peut remarquer aux Amphitheatres de Veronne, de Pole, & du
Colizée, qui a des fenestres au quatriéme Ordre : nous avons pratiqué
cela aux portiques que j'ay basti sur la place de Saint Marc, où le troisiéme Ordre a des fenestres dont l'appui est abbatu, le premier & se-
cond ont des arcades, dont celles de dessus sont plus étroites que celles
de dessous. Quant à la proportion des Arcs & grosseurs de leurs jambages, soit que les colonnes ou pilastres soient posez sur le plan de terre,
ou elevez sur des piedestaux, elle doit estre differente selon les Ordres ;
par exemple au Toscan elles ont un peu moins de hauteur que le double de leur largeur, & cette hauteur va toûjours en croissant jusques au
Corinthien, où les Arcades ont deux fois & demi leur largeur sous clef :
les autres proportions sont determinées dans l'Ordre Dorique par les
Triglyphes & par les metopes, & dans les autres par les Modillons.

La hauteur des Impostes où les Arcs prennent naissance, doit estre
proportionnée aux Alettes qui le sont aux Ordres, & doivent estre differentes à chaque ordre, ainsi que les bandeaux des Arcs & leurs clefs. Or

comme il arrive souvent qu'on fait des Arcades sans colonnes ny pilastres comme dans les Cloistres ; il faut neantmoins que les jambages
ayent s'il se peut la mesme proportion que s'il y en avoit , & qu'il semble
qu'ils n'ayent esté retranchez que pour éviter la dépense : enfin les
jambages ne doivent point estre plus larges que de la moitié de l'Arcade , ny plus étroits que du tiers , observant toûjours les baves plus grandes aux Ordres massifs & le contraire aux delicats, ce qui reüssira lorsqu'il
y aura plusieurs arcades les unes sur les autres.

Lors qu'on sera obligé de mettre des piedestaux aux colonnes entre les arcades, les jambages de l'Ordre Toscan auront au plus chacun
deux troisiémes de Module , & ceux de l'Ordre Corinthien auront au
moins un demy Module , & les Doriques & Ioniques & Romains , à
proportion entre ces deux , faisant distinction notable entre ces colonnes élevées sur des piedestaux , & celles qui seront sur le plan de
terre. On doit indifferemment donner à tous les Arcs la grosseur de
leur Alettre pour l'épaisseur du massif de leur jambage, la colonne sor-
tant du mur des trois quatriémes de sa grosseur ; la quatriéme partie sera
pour le contrepilastre qui est en dedans , comme elle est aux portiques
de la Procuratie de Saint Marc. Et cette maniere fait bien, tant pour les
ornemens des voutes que pour les angles internes en retour.

Or pour augmenter la richesse & la solidité de l'Edifice, si on vouloit mettre un pilastre angulaire avec une colonne de front , & une
autre de costé, alors il faudroit mettre entre le pilastre & la colonne
Toscane & Dorique la largeur d'un Triglyphe & d'une Metope de plus,
& aux Ordres Ionique , Romain & Corinthien, trois Modillons avec
leurs espaces entre les perpendiculaires sur les centres du pilastre & de la
colonne, par ce moyen les bases & abaques des chapiteaux ne se con-
fondroient pas ensemble, & alors il faudroit donner plus d'épaisseur
aux jambages , afin que les arcades se rencontrassent au milieu de la largeur du portique.

Les Impostes des grands Arcs dont les colonnes ne portent que sur
des socles sans piedestaux , doivent avoir de hauteur une treiziéme
partie & demi de l'espace qu'il y a depuis le plan de terre jusques sur les-
dites Impostes, & si on faisoit des portes quarrées au dessous de ces impostes, elles devroient estre disposées de telle maniere qu'elles eussent
de hauteur quatre parties de sept qu'il y a depuis le plan jusques sous
l'Architrave. Il est vray qu'aux Arcs dont les colonnes ont des piedestaux , l'Imposte regne de la hauteur & du profil de la mesme frise,
& corniche, parce que cela est d'un grand ornement, & que ces portes ont de hauteur peu plus ou moins de quatre parties des sept, qui
sont depuis le plan jusques sous l'Architrave.

Les bandeaux d'Arcs ou Archivoltes, ne doivent jamais avoir pour
l'Ordre Toscan plus de largeur que la neuviéme partie de celle de
l'Arcade, & la diziéme pour le Corinthien. Et ainsi entre ces deux

proportions, pour les trois autres Ordres : il y a d'autres moyens pour
determiner cette largeur de bandeau d'Arc, comme de la prendre de
la largeur du bas ou du haut de l'Alette, ou de la hauteur des Impostes,
mais les faisant d'une partie determinée sur la largeur de l'Arcade, la
methode en est plus asseurée.

Le bossage de la clef qui excede le bandeau de l'Arc, sera au moins
haut de deux troisiémes de Module, & quelquefois de cinq sixiémes,
mais jamais de plus d'un Module, il leur faut donner moins de hauteur
aux Ordres simples, & l'augmenter à proportion aux ordres delicats.
Leur largeur par le bas est pareille à celle du bandeau de l'Arc, qui
s'etend par deux lignes tirées du centre de l'Arc : ces bossages peuvent recevoir des ornemens conformes à l'usage du bastiment, comme
des Consoles, des testes d'Animaux, des masques, des casques & autres choses.

CHAPITRE XIV.

Des Portes & de leurs fermetures, des Fenestres & des Niches,
& comment on doit regler les proportions des membres
& des Moulures des Ordres.

POur parler des Portes, de leurs ornemens, & de leur fermetures
de bois, de bronze, ou de fer, Il faut remarquer qu'il paroist par
les écrits de Vitruve, & par ce qui nous reste de l'Antiquité, qu'elles
estoient presque toutes plûtost quarrées que cintrées, & que leur proportion doit estre telle que divisant la hauteur qu'il y a depuis le plan
jusques sous le plafonds du portique en trois & un deuxiéme, elles en
doivent avoir deux de hauteur ou quatre de sept, qui est la mesme
chose ; ainsi cet espace ayant vingt-huit pieds de hauteur, la porte en
prendra seize, & c'est la moindre hauteur que leur donne Vitruve.
Pour leur largeur à l'Ordre Toscan, où elles sont les plus basses, elles
ont le simple du double de leur hauteur ; à l'Ordre Corinthien, on
ajoûte à cette mesure, la hauteur du linteau de plus ; pour les trois
autres ils ont une proportion moyenne entre ces deux extremitez. On
s'étonnera des proportions que je donne aux portes, parce que le retrecissement par en haut, les doit faire paroistre plus hautes, mais la proportion de celle du Pantheon, est d'un peu plus que de deux quarrez,
& ne se rapporte pas aux proportions que je donne lors qu'on la tire
de la division de la hauteur qu'il y a depuis le pavement jusques sous le
plafond du portique, estant beaucoup plus haute.

La proportion des entablemens qui couronnent les portes, doit
estre de la quatriéme partie de la hauteur du vuide, pour l'Ordre
Toscan, & de la cinquiéme pour l'Ordre Composé, observant pour
les

les trois autres Ordres, les moyennes proportionnelles entre ces deux
mesures. Ce qui se doit faire à l'imitation des entablemens qui sont sur
les colomnes lesquels gardent ces proportions, & on peut dire aussi que
c'est celle de la porte du Pantheon.

Cette hauteur d'entablement doit estre divisée en quinze parties,
dont on en donne cinq à l'Architrave, quatre à la frise, & six à la corniche, le destail des moulures se trouvera dans les explications suivan-
tes. La largeur des piedroits ou montans du chambranle & ses moulures
doivent estre pareilles à celles du linteau, dont le profil est ordinairement celuy d'un Architrave : pour ce qui est de la largeur du tableau &
embrasement de la porte, elle doit estre reglée par l'épaisseur des murs.

Pour rendre cette matiere plus intelligente, je l'ay reduite en table.

On peut tirer de ce qui est dit cy-dessus, qu'il faut suivre la doctrine
de Vitruve pour regler les proportions des portes ; & le retrecissement
qu'elles doivent avoir par le haut selon la grandeur des Edifices ; c'est à
dire qu'elles doivent avoir plus de deux fois leur largeur. L'entablement
de la porte Dorique de Vitruve, selon mon explication a le quart de sa
hauteur ; celuy de l'Ionique, le cinquiéme : les piedroits de la Dorique,
ont de largeur une douziéme partie de la hauteur de la porte, ceux de
l'Ionique une quatorziéme. Les chambranles doivent estre plus simples
à la porte Dorique, qui n'a qu'une platebande, qu'à l'Attique qui en a
deux, & l'Ionique trois avec quelque astragalle : l'Architrave est le quart
de l'entablement ; la frise & la corniche sont égales, excepté la simaise
de dessus la frise qui augmente la corniche & qui n'est pas comprise dans
ce nombre.

Pour ce qui est des compartimens & quadres des portes mobiles,
qu'on a coustume de faire de bronze aux Temples, dont il est resté
quelques antiques ; supposé que la baye de la porte ait douze pieds ou
parties de haut, sur six de large, & que sa fermeture se divise en deux,
& s'ouvre d'un costé & d'autre, il y aura à chaque demi-porte deux
panneaux l'un sur l'autre larges d'une partie & trois quartiémes ; les
montans auront de chaque costé une demi partie & leur gorge & orle
un sixiéme de partie aussi de chaque costé & la frise qui reste, un troisiéme ; les montans de part & d'autre qui ont quelques moulures, seront larges d'un quatriéme, pour suppleer aux trois parties entieres:
ce qui repond à nos six parties que la porte à de largeur, ou aux cinq
un deuxiéme selon Vitruve, sans compter un quatriéme qui est caché

L

par la feuillure. Les pivots de bronze qui entrent dans leur crapaudine
de fer, auront une partie & demi de longueur. Pour ce qui est de la hauteur de ces compartimens, il les faut diviser en cette maniere, les panneaux d'enhaut auront quatre parties & ceux d'embas six, les trois tra-
versans avec leur gorge & orle, & les moulures d'enhaut & d'embas auront ensemble une demi partie : Cette division donne des proportions
approchantes de celles des portes de la Rotonde, des Eglises de
Saint Adrien, de Saint Cosme, & de Sainte Agnés hors des murs, qui
restent de l'Antiquité.

Il est à present à propos de parler des fenestres qui comme les portes
doivent estre proportionnées à la grandeur de l'Edifice; les plus grandes
seront dans l'étage du rez de chaussée, & les autres au dessus dimi-
nueront à proportion : mais elles seront de mesme largeur, &
repondront toutes les unes sur les autres. Les plus grandes ne doivent
pas exceder en hauteur le double & demi de leur largeur, & les plus
petites le double, sans pretendre icy parler des fenestres bastardes ou
Mezanines. Leurs ornemens ou entablemens ont les mesmes proportions que les portes.

Les Niches & renfoncemens qu'on met aux murs des entrecolonnes tant au dedans qu'au dehors ont aussi leurs proportions;
en sorte qu'aux Ordres massifs elles doivent avoir deux fois & un
quatriéme de leur largeur, & aux Ordres delicats deux fois & trois
quatriémes : leur profondeur doit estre la moitié de leur largeur, soit
qu'elles soient tracées en demi cercle soit qu'elles soient quarrées : le bas
des niches doit estre posé au moins à hauteur d'appui des fenestres; ainsi
on les peut faire simples ou ornées de Corniches, & mesme de pilastres.

Lors qu'entre les pilastres ou colonnes d'une façade, il y a des fenestres, portes, ou niches, enrichies de petites colonnes, il faudra
pour les distinguer des grandes, les faire d'un Ordre plus delicat, &
lorsque les parties de ces petits ordres ajoutez regneront, allant perir
dans les grands pilastres saillans d'un huitiéme ou d'un quart, il faudra
alors donner moins de moulures aux corniches, & les mutiler, ou les re-
duire en simples faces, avec quelque petite table refouïllée ou en saillie,
comme celles qui sont entre les pilastres du Pantheon.

Il y a roûjours dans les parties des Ordres, comme bases, chapiteaux, architraves & corniches, de certains membres qui dominent
sur de plus petits dont il procede cette harmonie, qui surprend les yeux,
lorsqu'ils sont disposez avec circonspection. C'est pourquoy il me
reste pour conclure ce Chapitre de montrer les moyens de bien proportionner ces moulures : car lors qu'il s'agira de proportionner les parties
principales des Ordres, on se servira du Module, mais quand il faudra
proportionner les moulures, il sera besoin de prendre une moulure
des plus considerables de quelques partie, comme d'une base, & par
la grandeur de cette moulure on proportionnera les autres par une ou-

.verture de compas : car par ce moyen on a la seureté du bon choix des moulures & de leurs places, la facilité de retenir cette pratique peu embroüillée par peu de nombres, & facile pour la reduction du plus petit au plus grand comme du contraire, & il paroist que cette maniere est la veritable, puisque Vitruve s'en est servi pour la description du chapiteau Ionique, ainsi c'est la meilleure theorie, qu'on puisse mettre en usage.

CHAPITRE XV.

De l'Origine des Peuples Toscans ; des Edifices qu'ils ont faits, des bastimens où cet Ordre convient, de ses proportions, & de l'ouvrage Rustique.

APrés avoir parlé dans les Chapitres precedens des Ordres en general, il reste maintenant de les expliquer chacun en particulier, & faire mention de leurs Inventeurs, & des Edifices les plus considerables où ils ont esté mis en œuvre. Or pour commencer par le Toscan qui est le premier : Il fut inventé dans la Toscane, cette partie d'Italie qui est soûmise à l'obeïssance du grand Duc, dont Florence est la capitale : ces Peuples ont eu de differens noms, selon les Princes qui les ont gouvernez, & les differentes Villes où ont esté leurs residences, comme aussi à cause des divers usages & coustumes qu'ils ont suivis. On pretend que le nom de Toscan vient d'un certain Tesco ou Tasco fils d'Hercule Liber ou Egyptien. Ces Peuples toûjours jaloux de leur liberté, ayant soûtenu de longues guerres contre les Romains, & ne voulant rien recevoir de l'invention des Grecs leurs ennemis irreconciliables, s'imaginerent un genre de bastir different de ceux de ces Nations, & les plus considerables Edifices furent des Temples, dont le premier fut consacré à Janus leur premier Roy, & d'autres ensuitte à Hercule, à Lucine, & à plusieurs autres. On voit en plusieurs endroits des vestiges qui font connoistre combien cette ..ation s'estoit addonnée à l'Art de bastir, comme à Luques où il reste la plus grande partie d'un Temple d'Hercule : mais particulierement à Florence où on voit le Temple de Mars, qui est aujourd'huy l'Eglise du Baptistere de Saint Jean, dont les portes de bronze font un ouvrage considerable de Laurent Gilbert. Outre ces Temples on voit encore à Piombino un Amphitheatre, & un autre à l'endroit où estoit l'ancienne Vetulie.

Les Toscans ont toûjours eu une maniere de bastir simple & solide, que les Romains ont imitée en de certains genres d'Edifices où elle estoit convenable, comme aux Ponts antiques de Rome, à la Sepulture d'Adrien à present le Chasteau Saint Ange, aux costez du Tem-

Ple d'Antonin & de Fauftine, à la Porte majeure, & à celle de Saint Laurent hors des murs, & à plufieurs autres Edifices, tant hors de Rome qu'à plufieurs autres Villes, tels que font le Pont de Rimini fur le Rubicon, & les deux de Vicence fur les Fleuves Reftone & Bacchiglione, outre le grand Amphitheatre de Reftonne, & plufieurs autres.

Les Tofcans Modernes ont retenu cette maniere de bâtir à la ruftique, dont on voit plufieurs Edifices à Florence, où elle reüffit bien à caufe des differentes couleurs de leurs pierres, qui fervent à diftinguer par la matiere & non feulement par la forme les fufts des colonnes d'avec les bafes, & les chapiteaux & les frifes d'avec les architraves & corniches: de plus ces boffages élevez qui font à ces Edifices font connoître la folidité qui convient à de certains baftimens, tels que font les prifons, les portes, les forterefles, les ponts, les moles & les grottes.

Maintenant pour parler des proportions des colonnes dont nous enfeignerons la Theorie par nos deffeins, il eft à remarquer que dans tous les Ordres nous n'avons point fait nos deffeins en perfpective, & que cela n'a efté fait ny par ignorance ny pour éviter le travail; mais que ç'a feulement efté parce qu'il eft conftant que les reprefentations en geometral confervent jufques au moindres mefures qu'il s'agit icy de faire connoiftre pour s'en fervir à l'ouvrage mefme.

Il femble que l'Ordre Tofcan foit le plus ancien de tous par cette fimplicité qui paroift ordinairement dans les principes de toutes chofes, auffi eft-il le plus folide, & propre à foûtenir un grand poids. Vitruve s'expliquant fur cet Ordre, & fur les Temples baftis a la Tofcane, fait entendre que fes colonnes avec leurs bafes & chapiteaux, doivent avoir fept Modules & un deuxiéme, & que mefme elles peuvent aller jufques à huit Modules, la bafe ayant demi Module, ainfi que le chapiteau, le fuft fix Modules un deuxiéme, ou fept avec fa ceinture par embas & fon aftragalle par en haut: leur diminution par le haut doit eftre du quart de leur diametre inferieur. La plinthe doit eftre quarrée & non pas ronde, comme l'a fait Vitruve. L'entablement à le quart de la hauteur de toute la colonne, & fi la frife avoit un cinquiéme moins que l'Architrave, alors tout l'entablement auroit le cinquiéme de la colonne, comme aux Ordres delicats, & feroit haut d'un Module & un deuxiéme; mais le faifant du quart il a un Module fept huitiémes, ou deux Modules juftes. Toute cette hauteur de l'entablement fe divife en dix-fept parties & un troifiéme, dont l'Architrave a cinq, la frife fix un troifiéme, & la corniche les fix autres parties: fi bien que l'Architrave eft haut d'un deuxiéme de Module & un douziéme, la frife de deux troifiémes de Module & un peu plus avec fon lifteau; la corniche de deux troifiémes de Module. Lorfqu'on éleve cette colonne fur un piedeftal, comme la Trajane & l'Antonienne le font, il faut donner à ce piedeftal deux Modules moins un huitiéme, qui fera le quart

de

de la colonne, & il faut diviser cette hauteur en cinq parties dont la corniche aura une, le dé deux & deux troisiémes, & le zocle simple qui en est la base, un cinquiéme & un troisiéme de cinquiéme, ce qui fait les cinq parties : dans la suite nous parlerons des autres parties.

CHAPITRE XVI.

Des Colonnates & Arcs simples de l'Ordre Toscan ; des Colonnates & Arcs avec des piedestaux, & des Portes au dedans des Portiques.

PArce qu'on peut faire des Colonnates & Arcs simples sans piedestaux, comme aussi avec piedestaux pour des loges, dont Vitruve décrit quatre manieres, & s'attache particulierement aux areostiles, dont les entrecolonnes sont de quatre Modules, nostre maniere est qu'ayant à faire un portique avec quatre colonnes de front, il faut que les angulaires soient des pilastres quarrez, sans avoir égard aux saillies des bases mesurant toûjours du vif des pilastres au vif des colonnes. Cela estant, il faut diviser la largeur, que l'on veut donner au portique, en onze parties & deux troisiémes, dont une de ces parties est le Module : c'est pourquoy il en faut d'abord rabattre quatre pour les diametres des deux colonnes & des deux pilastres, donnant aux petits entrecolonnes qui sont à droit & à gauche, chacun deux Modules & un troisiéme, & à celuy du milieu trois Modules, ainsi celuy-cy aura peu plus du quart que les autres. Les Architraves se peuvent faire de pierre & de brique, & lors qu'on voudra augmenter la largeur du portique de telle sorte qu'elle puisse estre de six ou de huit colonnes de front, il ne faudra qu'augmenter le nombre des petits entrecolonnes ; & ainsi la grandeur du portique de six colonnes aura dix-huit Modules & un troisiéme, & celle de huit, vingt-cinq Modules : que si l'on veut faire des mutules dans la corniche, il y en aura cinq sur les petits entrecolonnes, & six sur le grand du milieu.

Les colonnes pourront estre élevées de terre sur un petit socle de la hauteur d'un demi Module, pour donner plus de majesté à l'ouvrage, & l'empescher d'estre gasté par la pluye. Les mesures de la porte principale qui doit estre à la face du devant, n'ont point esté determinées par Vitruve, ny par les Modernes ; c'est pourquoy il est necessaire d'en donner les regles. Il faut donc diviser toute la hauteur depuis le pavement jusques au plafonds, c'est à dire jusques aux premieres moulures de la corniche en sept parties, dont la hauteur de la porte doit avoir quatre fois la largeur, & ainsi cette porte aura deux fois sa largeur.

L'ornement ou entablement de dessus la porte doit avoir le quart de la hauteur de la baye, dont on donne une au linteau qui sert

M

d'Architrave, & regne de pareille largeur pour les montans du chambranle, puis à la frise quatre cinquièmes de partie & à la corniche une partie & un cinquième : & lors qu'on voudra mettre un fronton, il faut ajoûter la simaise qui n'est pas icy comptée.

Lors qu'entre les petits entrecolonnes on voudra faire des fenestres, il faut qu'elles soient quarrées ; pour ce qui est des niches elles doivent estre cintrées & élevées sur le plan du portique du cinquième de la hauteur de la colonne : cette hauteur peut estre faite en piedestail continu, dont le zocle sera de la hauteur de la base, & il faut faire regner la corniche de la porte & les moulures en retraite entre les petits entrecolonnes.

La Planche qui suit, est le dessein du Colonnate simple de l'Ordre Toscan, où les mesures sont chiffrées, de mesme qu'elles le sont dans toutes les autres Planches de ce liure.

ASPETTO DEL COLONNATO TOSCANO

La distribution des Arcades doit estre telle qu'il y ait de centre en centre de chaque colonne six Modules, qui donnent neuf modillons avec leurs espaces, les colonnes doivent sortir du mur plus que leur demi diametre; ce qui determine la saillie qu'il y a entre l'Architrave & le corps du mur le jambage des deux Alettes & la colonne viennent deux Modules & un peu plus d'un huitiéme de Module; ce qui fait un peu plus que la largeur d'un cinquiéme de la moitié de la largeur de la baye de l'Arcade: les Alettes ont chacune de front un peu moins que sept douziémes de Module. Dans les ouvrages considerables les impostes doivent estre d'une piece, & les Arcs doivent avoir l'épaisseur d'une Alette & trois quarriémes du diametre de la colonne; l'autre quart qui reste, est pour la saillie du contre-pilastre en dedans. Il faut élever l'ordonnance plus haut que le plan de terre, de la hauteur de quelques degrez, & faire que l'avant-corps du milieu ordinairement orné d'un fronton, paroisse saillant par le retour de l'entablement de part & d'autre.

Selon cette distribution la largeur de l'Arcade aura trois Modules & prez de sept huitiémes de Module; l'Arc aura prés de cinq douziémes de Module moins de ses deux quarrez puis il restera deux troisiémes de Module à prendre du dessous de la clef jusques sous l'Architrave, qui sont ensemble huit Modules: l'Imposte doit avoir une douziéme partie de la hauteur qu'il y a depuis le pavement du portique jusques au dessus d'elle-mesme, & cela la rendra proportionnée au corps qu'elle couronne comme la corniche d'un Ordre l'est à sa colonne. Le bandeau de l'Arc doit avoir une neuviéme partie de la largeur de l'Arc mesme; on donnera une pareille largeur au bas de la clef qui s'élargit par les lignes tirées d'un centre qui doit estre plus haut que l'Imposte d'un huitiéme de Module, afin que la saillie dudit imposte n'en diminuë pas la perfection.

Lorsque dans la principale arcade on veut faire une porte quarrée, la corniche de dessus la porte doit estre à niveau de l'Imposte, ainsi elle a frise & architrave qui luy servent d'ornement, & cette proportion sera de quatre & sept parties qu'on prendra depuis le pavement du portique jusques sous l'Architrave: le haut sera cintré, & les moulures d'un double Arc y regneront. Son ouverture sera au droit du dessous de l'Imposte, & le vuide du demi cercle sera dormant avec jalousie pour avoir du jour, ou à panneaux qui repondront à ceux des vanteaux de la porte Mobile. Les niches seront élevées du pavement sur un piedestail continu de la hauteur du quart de la colonne.

La Planche qui suit represente le dessein des Arcs simples de l'Ordre Toscan.

ASPETTO DE GL ARCHI TOSCANI

Mod. ¼

m. 45

Mod. 2

15

Mod. 4

min. 8

Med. 2. min. 4½

min. 37

Med. 16

min. 9

Mod.

Colonne Mod.

Mod.

m. 10

10

6

Mod. Fusto

Fusto Mod.

Altezza Mod.

m. 34 Mod.

m. 34

2

Mod.

Mod. 1. m. 34

Mod. 3   min. 52

Med 3 min. 52

Mod.

36

m. 34

Amezo le Colonne Mod. 6

N Vinc. Scamozzi

Outre les Colonnates simples, on en peut faire avec des piedestaux, ainsi que Vitruve le propose lorsqu'il parle des Temples ronds à la façon Toscane. La distribution s'en fait de cette maniere, y ayant deux colonnes & deux pilastres angulaires de front; on tire une ligne de l'extrêmité des deux pilastres, on la divise en treize parties & deux troisiémes, dont on donne une à chaque diametre, qui est le Module, trois à chaque petit entrecolonne, & trois & deux troisiémes à celuy du milieu; ainsi cela occupe les treize parties & deux troisiémes. L'entrecolonne du milieu aura un peu plus du quart que ceux des costez; ainsi les architraves pourront estre de pierre. Le colonnate de six colonnes aura vingt-un modul. & deux troisiémes, & celle de huit trente modules, moins un troisiéme: ainsi les modillons seront au nombre de sept pour le grand entrecolonne du milieu, & de six pour les petits: les colonnes seront élevées de terre, comme nous avons dit cy-dessus.

La hauteur de la porte aura quatre parties de sept, à prendre jusques sous le platfonds de la corniche comme aux simples colonnates, ou quatre de six jusques sous l'architrave: sa largeur sera le simple du double qu'a sa hauteur; le reste sera comme il est dit cy-devant. Le haut des niches répondra à celuy de la porte, & le bas sera à niveau du haut de la base des colonnes. Lors qu'au lieu de niches on voudra faire des fenestres qui doivent estre plûtost quarrées que rondes, elles tomberont jusques sur la corniche des piedestaux, qui en determinera l'appuy.

La Planche qui suit, contient la Colonnate Toscane sur des piedestaux.

ASPETTO DEL COLONNATO TOSCANO CON PIEDESTILI

Quoyqu'il ne se trouve aucun exemple antique des Arcades Toscanes avec des colonnes & des piedestaux, nous ne laisserons pas suivant
la pratique des Modernes, de leur donner des mesures; pour cet effet il
faut diviser l'espace qui est entre les deux centres des colonnes, en six
parties & deux troisièmes, ce qui contiendra onze modillons; les colonnes auront chacun un Module, & sortiront du mur un peu plus que
de leur demy diametre, & jusques à la saillie des impostes. Les jambages
auront deux modules & un troisième de front, ce qui sera un peu plus
que la moitié du vuide de l'Arc, ayant la proportion de sept à treize: l'é-
paisseur de l'arc sera de la largeur d'un alette & les trois quatrièmes du
diametre de la colonne; le quart restant sera pour le contrepilastre du
dedans. Ainsi le pilastre aura de massif un module & six & demi: les
alettes du dedans & du dehors auront chacune deux troisièmes de module, qui est la distance du milieu d'un modillon à un autre.

La largeur des Arcades sera de quatre modules & un troisième,
leur hauteur aura sept huitièmes de module moins que le double de leur
largeur: du dessous de la clef de l'arc jusques sous l'architrave, il y aura
cinq sixièmes de module, ce qui fait en tout depuis le pavement du portique jusques sous l'architrave neuf modules & trois huitièmes. L'arc
est de plain ceintre, & surmonte l'imposte d'un sixième à cause de sa
saillie. L'ornement de la porte répond à l'imposte, & le bandeau de
l'Arc est comme aux Arcs simples.

Pour avoir les proportions de la porte, il faut diviser en cinq parties
égalles l'espace qui est depuis le pavement du portique jusques sur l'imposte, & en donner quatre à la hauteur de la porte, la cinquième restant
pour les ornemens; cela estant, il y aura quatre parties de sept jusques
sous l'architrave: la largeur est la moitié de la hauteur. Les proportions des ornemens de la porte ont esté données cy-devant. La hauteur
des niches sera pareille à celle de la porte, & le bas répondra au dessus
des bases des colonnes: le reste comme à la Colonnate avec piedestaux.

La Planche qui suit, represente les Arcades Toscanes avec des Piedestaux.

CHAPITRE

ASPETTO DE GL ARCHI TOSCANI CON PIEDESTILI

Vinc. Scamozzi

CHAPITRE XVII

Des Proportions & mesures particulieres des piedestaux, bases, chapiteaux, entablemens & autres parties de l'Ordre Toscan.

LE fust de la colonne Toscane est toûjours fort simple & sans cannelures. La plinthe de sa base a un Module & un troisiéme de largeur. La base est composée de sa plinthe & de son Tore qui luy est égal en largeur.

Le piedestail a deux Modules moins un huitiéme de hauteur, & se divise en cinq parties, qui sont le zocle ou base, le dé ou tronc & la corniche : la corniche a trois huitiémes de Module, sa saillie est d'un dixiéme de Module de chaque costé au delà du dé, qui repond à la plinthe de la base, le zocle a un deuxiéme de Module & sa saillie au delà du dé est d'un vingtiéme.

Les Alettes ont chacune deux troisiémes de Module. L'Imposte & le bandeau de l'Arc sont simples. L'Imposte a de hauteur neuf vingtiémes de Module, qui sont divisées en huit parties & un quatriéme pour ses membres, qui sont l'orle superieur, le listeau de la face, le listeau de la gueule droite, & le listeau du collarin : la saillie de l'Imposte est presque d'un sixiéme de Module ; le bandeau de l'Arc a un troisiéme & un dixiéme de Module, il a quatre membres qui sont l'orle, le listeau & ses deux faces, dont celle d'enhaut est plus grande de la moitié que l'inferieure.

L'entablement de la porte a le quart de la hauteur de la baye, qui est un Module & plus d'un quart, on divise cette grandeur en quinze parties, dont cinq sont pour l'Architrave, quatre pour la frise, & six pour la corniche ; cette derniere a un peu plus d'un deuxiéme de Module, elle est composée de huit membres, sçavoir, de l'orle & de la gueule droite, de l'orle & du listeau, du larmier, de l'ove & du listeau, & du cavet au dessous : sa saillie est égalle à sa hauteur, qui est un peu plus qu'un deuxiéme de Module : la frise est simple, & haute de deux troisiémes de la corniche, qui est un peu plus qu'un troisiéme de Module : l'Architrave a cinq douziémes de Module, qu'on divise en neuf parties moins un huitiéme, qui sont pour quatre membres, sçavoir l'orle, le listeau & deux faces inégalles.

La grande Imposte a deux faces, & une gueule au dessus, cette derniere partie a un peu plus d'un troisiéme de Module : toutes ces parties sont conformes à celles du petit Imposte ; le bandeau de l'Arc a quasi un deuxiéme de Module divisé en neuf parties moins un huitiéme, & ses membres sont aussi semblables au petit Imposte.

La Planche qui suit, represente les Profils du piedestail de la base & des Impostes de l'Ordre Toscan.

ORNAM DELLA PORTA

MAGGIORE.

DEL PILÀST.

ALLA DEL PILÀS.

Module.

BASAM DEL ORDINE TOSCANO.

MIN.

Le plan du chapiteau est quarré ; l'Abaque a un Module de largeur, la colonne ayant trois quatriémes de Module de diametre par enhaut. La hauteur du chapiteau est d'un demy Module, qui se divise en gorgerin, listeau, ove & abaque, auquel nous avons ajoûté un orle qui en augmente un peu la saillie.

L'entablement de l'Ordre Toscan, a le quart de la Colonne, qui sont deux Modules moins un huitiéme : on le divise en dix-sept parties & un troisiéme pour l'Architrave, la frise & la corniche. L'Architrave a trois quatriémes de Module sous son plafond, il a de hauteur demy Module & un douziéme : ses membres sont un orle, un listeau & deux faces, dont la plus grande est de la moitié plus haute que la petite. La frise avec son listeau a deux troisiémes de Module & plus, & repond sur la premiere face de l'Architrave : on met dans cette frise des panneaux à plomb sur chaque colonne qui representent les testes des poutres, ainsi qu'il y en a dans Vitruve. La corniche a six parties ou un peu moins de deux troisiémes de Module ; elle se divise en cinq parties moins un huitiéme, & a neuf membres, sçavoir, l'orle superieur, le listeau, la gueule droite, son listeau, le larmier, un autre listeau qui borde le refoüillement qui est dans le Sofitte, l'ove avec son listeau, & le cavet : la saillie de la corniche est égalle à sa hauteur. Nous avons marqué les saillies de cet entablement qui ont un Module & un troisiéme ; & il faut noter que ses moulures ne reçoivent aucun ornement.

La Planche qui suit, contient le profil du Chapiteau de l'Architrave, de la frise & de la Corniche de l'Ordre Toscan.

CHAPITRE

ORNAM. DEL ORD. TOSCANO Sporto   min. 39

Risalita   Mod.   1 ½

Fusto del Pilastro

il Modulo della Colonna

Fusto del Pilastro

Mod.   min. 45

Vinc. Scam.

CHAPITRE XVIII

De l'Origine des Peuples Doriens, de quelques-uns des Edifices qu'ils ont bastis, quels sont ceux ausquels cet Ordre convient, & des mesures de cet Ordre.

LEs Architectes Modernes ny Vitruve mesme, ne sont point d'accord sur l'Origine des Doriens, qu'ils disent estre venus de la Carie province de l'Asie Mineure ou de l'Achaïe du Peloponnese : mais il est constant qu'ils viennent d'un certain Dorus Roy d'une partie de la Macedoine, & qui de là vint habiter l'Achaïe Majeure, dont les peuples jouïssant de quelque repos s'addonnerent aux beaux Arts, où ils excellerent à tel point, qu'ils surpasserent le reste de la Grece, & se firent une maniere de bastir particuliere, qui a servi de modele à plusieurs autres Provinces de la Grece. Les plus considerables Edifices qu'ils bastirent de cet Ordre, furent les Temples de Junon dans Argos, & dans l'Elide, & un autre de Minerve fait par Scopas de Paros, qui avoit en dedans des colonnes Corinthiennes sur des Doriques, ce qui est d'une grande autorité pour nostre usage. Le Temple de Jupiter Olympien fut fait aussi à Olympia par les mesmes peuples, & dans l'Isle de Delos celuy d'Apollon, & un autre à Jupiter dans Salamine de l'Isle de Cypre, & plusieurs autres dont les Historiens font mention. Les Romains mesme n'ont point méprisé les Ordres Grecs, quoyqu'ils ne fissent estime que de ce qu'ils inventoient, puis qu'ils bastirent un Temple à Quirinus de cet Ordre, qui avoit soixante quatre colonnes & quatre pilastres aux angles des aîles, & que le Theatre de Marcellus, l'Amphitheatre du Colizée, & les restes de plusieurs autres Edifices font juger de la quantité de ceux qu'ils ont basti de cet Ordre. Vitruve dit que quelques Ecrivains ont trouvé des difficultez dans l'Ordre Dorique, à cause de la distribution des Metopes & des triglyphes de sa frise & des mutules de sa corniche, ce qui fait connoistre que cet Ordre doit estre executé avec une grande exactitude qui en fait la principale beauté. Cet Ordre qui est massif comme le Toscan, peut estre employé aux Edifices, qui demandent de la solidité, mais qui peuvent estre plus riches : il peut porter facilement les trois autres Ordres dans quelque superbe bastiment.

Les colonnes Doriques ont huit Modules un deuxiéme avec leurs bases & chapiteaux, & c'est un abus que de leur oster leur base, ainsi que les anciens ont fait : elle doit avoir un demi Module de mesme que le chapiteau ; ainsi leur fust avec la ceinture d'embas & l'astragalle d'enhaut, aura sept Modules un deuxiéme : sa diminution est d'un cinquiéme de son diametre. L'entablement doit avoir le quart de la colonne, & il le faut diviser en dix-huit parties un sixiéme, dont on donne cinq parties à l'Architrave, six parties & un deuxiéme à la frise, deux trois-

fiémes de part. à la bandelette qui sert de chapiteau aux Triglyphes,
& les six autres parties à la corniche. Si l'on faisoit la frise moindre
d'un cinquiéme que l'Architrave, comme nous remarquerons dans
les Ordres suivans, l'entablement auroit un peu plus du cinquiéme de
la colonne. Lors qu'il faudra faire des piedestaux sous les colonnes,
il leur faut donner de hauteur trois parties & trois quatriémes des
huit & un deuxiéme qu'on a donné à toute la colonne, & ces parties se divisent en six autres, dont la corniche du piedestail a une, le dé
ou tronc trois, & la base deux, dont les moulures doivent avoir deux
troisiémes de partie, & le zocle une partie & un troisiéme : les parties de
la base du piedestail sont proportionnées à celles de la colonne, parce
que le zocle & l'embasement a demi Module, les moulures un quatriéme de Module, le dé ou tronc un Module & peu plus d'un septiéme de
Module, & la corniche trois huitiémes de Module ; de maniere que ces
membres tous ensemble font deux Modules, un peu plus d'un quatriéme de Module.

CHAPITRE XIX.

Des Colonnates & des Arcs simples de l'Ordre Dorique, des Colon-
nates & des Arcs avec des piedestaux, & des ornemens
de leurs portes.

IL faut à present parler des colonnates simples de cet Ordre, qui sont
de quatre, de six ou de huit colonnes, comme on le voit dans Vitruve, & par les vestiges des anciens Edifices, & mesme comme nous
l'avons pratiqué à plusieurs bastimens faits sur nos desseins, & sous
nostre conduite, tels que sont ceux de la Procuratie en la place saint
Marc, tant dehors que dedans, & plusieurs autres pour des nobles de
cette Republique. Si la Colonnate est de quatre colonnes de front, dont
les deux angulaires sont des pilastres, il faut diviser la largeur qu'ils doivent occuper de l'angle exterieur d'un pilastre à l'autre, en neuf parties
& trois quatriémes ; dont une sera le Module : il faut prendre quatre de
ces parties pour les diametres des quatre colonnes, deux & trois quatriémes pour l'entrecolonne du milieu, & un Module & un deuxiéme pour
chaque petit entrecolonne, la proportion des petits entrecolonnes aux
grands est comme de six à onze quarts de Module, on pourra les
augmenter à proportion lors qu'on mettra six ou huit colonnes de
front, & lorsque le portique sera continu, il faudra faire toûjours
les entrecolonnes au moins de la largeur du grand, & hausser l'ordonnance sur quelque zocle ou degrez. Les Metopes & triglyphes sont
bien distribuez de cette maniere ; & à une colonnate de quatre colonnes il se trouve huit triglyphes, compris les quatre qui sont audroit

des colonnes, & ainſi à proportion quand on veut alonger les portiques.
Les ornemens des metopes chez les anciens eſtoient des vaſes & des baſ-
ſins pour les ſacrifices, des teſtes de bœuf ſeches, & autres choſes appar-
tenantes à la religion : mais aux ouvrages publics, il y faut mettre des
trophées, des caſques, ou les armes & deviſes de la Republique ou du
Prince, comme aux Egliſes des calices, des burettes, des encenſoirs, des
livres, des mitres, &c.

Pour donner une belle proportion à la porte Dorique, ſelon Vitruve,
il la faut meſurer par des petites parties, que j'apelle pieds, & diviſer la
hauteur qui eſt depuis le bas du portique juſques ſous le plafond de l'Architrave en vingt-huit pieds, & en donner ſeize à la hauteur de la baye
de la porte, ce qui eſt la meſme choſe que ſi ayant diviſé toute cette hauteur en trois parties & demi, on en donnoit deux à la hauteur de la porte. Pour avoir ſa largeur par le bas, on diviſe la hauteur de la baye en
douze parties, dont on prend cinq & demy pour cette largeur : mais ſi la
hauteur eſtoit diviſée en deux, ce ſeroit ſept parties & un quart. Les
montans du chambranle auroient chacun 1. p. ¼. & les diminuant par le
haut d'un 14. ils reſteroient d'un pied & ½. Vitruve & pluſieurs autres
Architectes veulent que la baye de la porte ſoit plus étroite par le haut
que par le bas, d'un tiers de la largeur du chambranle par le haut, de
ſorte qu'elle ait ſept pieds, c'eſt-à-dire, deux fois ſa largeur & la moitié
de ſon linteau de plus.

Quant à l'entablement de deſſus la porte, le linteau qui luy ſert d'Architrave eſt égal à la largeur que les montans du chambranle ont par le
haut. L'Architrave aura la meſme hauteur, compris l'Aſtragalle & la
ſimaiſe d'audeſſus, & la corniche auſſi encore la meſme hauteur, ſans
compter ſa ſimaiſe & orle, qui regnant ſur le fronton ne paſſent pas la
hauteur de l'Aſtragalle du fuſt de la colonne. Tout cet entablement regnant de niveau ſans fronton a 3. p. ½ à quoy ſi on ajoûte la ſimaiſe,
il aura prez du quart de la hauteur de la baye de la porte, ainſi les
proportions que Vitruve donne à cette porte, approchent de celles
que les Anciens ont obſervées.

Lors qu'on voudra plus facilement trouver la diſtribution de cette
porte, il faut diviſer la hauteur qu'il y a depuis le bas juſques au So-
fite du portique qui eſt le deſſus des metopes & triglyphes en ſept
parties égalles, en prendre quatre pour la hauteur de la porte, & de cette
hauteur diviſée en douze parties ½ en donner ſix ½ à la largeur : ainſi la
porte aura deux fois ſa largeur & la quatriéme partie de ſon linteau ou
Architrave. L'ornement de deſſus la porte aura la quatriéme partie & un
quart de la hauteur de la baye, & cette hauteur ſera diviſée en trois parties pour les trois qui compoſent cet entablement. La hauteur des niches
doit eſtre telle que le ſommet ne paſſe pas le deſſous du linteau de la porte, & que toute leur hauteur ſoit la moitié de celle de la porte.

La Planche qui ſuit, contient le Colonnate ſimple de l'Ordre Dorique.

Comme

Mod.

Tutto Mod. Pilastro Mod. 8

Fusto Mod. 7

Mod. Mod. 2 Mod.

Vinc. Scam.

Comme on peut faire des arcades entre les colonnes à cet Ordre, ainsi qu'il y en a au Theatre de Marcellus & au Colizée, & de mesme que nous l'avons executé aux portiques de la place saint Marc, si l'on veut pratiquer cette maniere, l'ordonnance doit estre elevée de terre de demy module; & il faut qu'il y ait six modules & un quatriéme de centre en centre des colonnes, & qu'elles sortent d'un peu plus qu'un demy module du jambage, dont la largeur sera un peu moindre que la moitié de celle de l'arcade; son épaisseur aura la largeur d'un Alerre, & les trois quatriémes du diametre de la colonne, le quart qui reste sera pour le contre-pilastre du dedans. Les Alerres auront chacune un peu plus qu'un demy module; de cette maniere la largeur de l'arcade aura quatre modules & un peu moins qu'un cinquiéme, & sa hauteur n'aura pas tout-à-fait le double de sa largeur. Il restera du dessous de la clef au dessous de l'Architrave deux troisiémes de module, & l'arc de plein ceintre sera surmonté d'un sixiéme de module, qui est la saillie de l'Imposte. La hauteur de l'Imposte sera la troisiéme partie de l'espace qu'il y a depuis le plan jusques au dessus d'elle-même, & elle doit regner dedans & dehors le portique. Le bandeau de l'Arc aura la neuviéme partie de son ouverture, & la clef la mesme largeur par le bas. On peut faire une poste quarrée qui aura quatre parties de sept qu'il y a du plan sous l'Architrave, & les autres divisions comme à l'Ordre Toscan.

La Planche qui suit, represente les Arcades Doriques simples.

ASPETTO DE GL' ARCHI DORICI

Vinc. Scamozzi

Puisque Vitruve donne des piedeſtaux à l'Ordre Dorique, qu'il fait aux portiques de derriere la ſcene du Theatre; nous en pouvons mettre auſſi, ſi nous voulons faire un colonnate compoſé de deux pilaſtres & de quatre colonnes, ainſi que nous avons fait cy-devant : pour cela il faut diviſer cette largeur ſelon la maniere accoûtumée en treize parties un deuxiéme, dont une fait le module, & dont il faut donner quatre aux diametres des deux pilaſtres & des deux colonnes, quatre à l'entrecolonne du milieu, & deux & trois quatriémes à chacun des petits entrecolonnes, toutes les parties eſtant proportionnées comme cy-devant. La porte ſera haute de quatre parties des ſept, qu'il y aura depuis le pavement juſques ſous le plafond, au deſſus de la friſe, ou quatre des ſix qu'il y aura du meſme pavement juſques ſous le plafond de l'Architrave; ce qui eſt preſque la meſme choſe : les autres parties ſont comme aux colonnates ſimples. Les niches ſeront élevées à la hauteur des baſes des colonnes, & leur hauteur repondra à celle de la porte : les ſaillies des piedeſtaux doivent regner dans le fond du portique pour en augmenter l'ornement.

La Planche qui ſuit, contient le Colonnate Dorique avec des Piedeſtaux.

ASPETTO DEL COLONNATO DORICO CO PIEDESTILI

La distribution des Arcades avec piedestaux se fait de cette maniere. Il faut donner sept modules un deuziéme à l'espace qui est entre le centre d'une colonne & celuy de l'autre, & cet espace contient six Triglyphes qui repondent aux mutules s'il y en a. La largeur de tout le jambage a une partie de deux & un troisiéme de la largeur de l'Arc, sa grosseur est égale à la largeur d'une Alette, avec les trois quatriémes de la colonne, l'autre quatriéme restant est pour le contre-pilastre: les alettes aux deux costez de la colonne sont égales, de mesme que le contre-pilastre angulaire en dedans du portique sur l'angle de retour. Les Alettes ont de large chacune sept douziémes de module. La largeur de l'Arcade est de cinq modules & un quatriéme, & sa proportion est au jambage comme de trois à sept. Il s'en faut prés d'un troisiéme de module que la hauteur de l'Arcade n'ait deux fois la largeur: il y a cinq sixiémes de module depuis le dessous de la clef jusqu'au dessous de l'Architrave: ainsi toute la hauteur de la colonne avec le piedestail, a prés de dix Modules trois quatriémes. Les Arcs sont surmontez d'un cinquiéme de Module, à cause de l'Imposte qui est aussi haute que la frise & la corniche de la porte: le bandeau de l'Arc a un neuviéme de sa largeur, & le bas de la clef autant. Les metopes & les triglyphes peuvent estre aisément espacez par ces mesures, parce que le triglyphe a un deuziéme de Module, & la Metope trois quatriémes.

Pour avoir les proportions de la porte, il faut diviser la hauteur qui est entre le pavement & le dessus de l'Imposte en quinze parties & trois quatriémes, & en donner trois à l'ornement, & le reste à la porte; cette proportion sera comme de quatre à sept depuis le pavement jusques sous l'Architrave: la largeur au sevil aura six parties & un quatriéme, ainsi la hauteur aura le double & la quatriéme partie du linteau de plus. Les niches commenceront de dessus les piedestaux, jusques au haut de la porte. Les parties saillantes des piedestaux regneront mutilées au dessous des niches & des fenestres.

La Planche qui suit represente les Arcades Doriques avec des Colonnes sur des piedestaux.

ASPETTO DE GL' ARCHI DORICI CO PIEDEST.

CHAPITRE XX.

Des Proportions & mesures particulieres des Piedestaux, bases, chapiteaux & entablemens de l'Ordre Dorique.

LA Colonne Dorique doit avoir vingt-quatre canellures dont la
coste est le tiers de la largeur de la canellure. La base a un Module & trois huitiémes de largeur par sa plinthe, & sa hauteur est d'un demi
Module: la ceinture par bas appartient au fust. La hauteur de la base se
divise en cinq parties & deux troisiémes : elle a six membres, la Plinthe,
le gros Tore, le Listeau, le Cavet ou Scotie, l'autre Listeau & le petit
Tore : ses saillies des deux costez sont de trois huitiémes de Mod. qui est
la saillie que Vitruve donne à la base Ionique.

Le piedestail est haut de deux Mod. & un peu plus d'un quart, qui est
l'une des trois parties & trois quartiémes de la colonne : il se divise en
six parties dont la Corniche en a une, le Tronc trois, & l'Embasement
deux : La Corniche a trois huitiémes de Mod. qui se divisent en neuf parties & neuf douziémes & un demiéme pour les moulures, qui sont au
nombre de six, dont le larmier est refouillé : sa saillie est d'un peu plus
d'un quart de Mod. le dé a un Mod. & un septiéme de report à la plinthe.
L'embasement a trois quartiémes de Mod. le premier quartiéme, que
l'on prend pour les moulures, est divisé en 3. part. & ½ qui appartiennent
à cinq membres ; les deux autres quartiémes sont pour le zocle, qui est
haut de demi Mod. sa saillie a un peu moins qu'un quart de Mod. de chà-
que costé. A costé & au bas du piedestail est une des petites alettes qui a
½ de largeur au droit du diametre inferieur de la colonne. L'Imposte est
haute de ½ ¼ de Module : cette grandeur est divisée en 8. part. & ½ on
luy donne 7. membres ; elle a un peu plus d'un sixiéme de Mod. de saillie.
Le bandeau de l'arc divisé en six part. & ½ a quatre membres ; la grande
face est plus grande que la petite de la moitié. De l'autre costé est l'ornement de la grande porte, qui a de hauteur une part. des quatre ½ qui ont
esté données à la hauteur de la porte, qui sont un Mod. & un peu moins
de ½ Cet ornement est divisé en 15. part. dont on en donne cinq à l'Architrave, quatre à la Frise & six à la Corniche. La Corniche a ½ de Mod.
de hauteur & sa saillie luy est égalle : elle se divise en 4. part. & ½ & a
neuf membres. La frise qui est lice a presque ½ de Module, l'Architrave a ½ de Module qui se divisent en six part. & ½ & à 4. membres.

Vis-à-vis de cet entablement est le profil de la grande Imposte, & du
bandeau de l'Arc ; cette Imposte est aussi haute que la frise & la corniche
de l'entablement de la porte, excepté la simaise : les membres de cette
Imposte ont du rapport avec ceux de la corniche. Le bandeau de l'Arc
a prez de ½ de Mod. Il est divisé en six part. & ½ & a quatre membres.

*La Planche qui suit contient les profils du Piedestail, de la Base, des Impostes
& des ornemens des Portes de l'Ordre Dorique.*

La

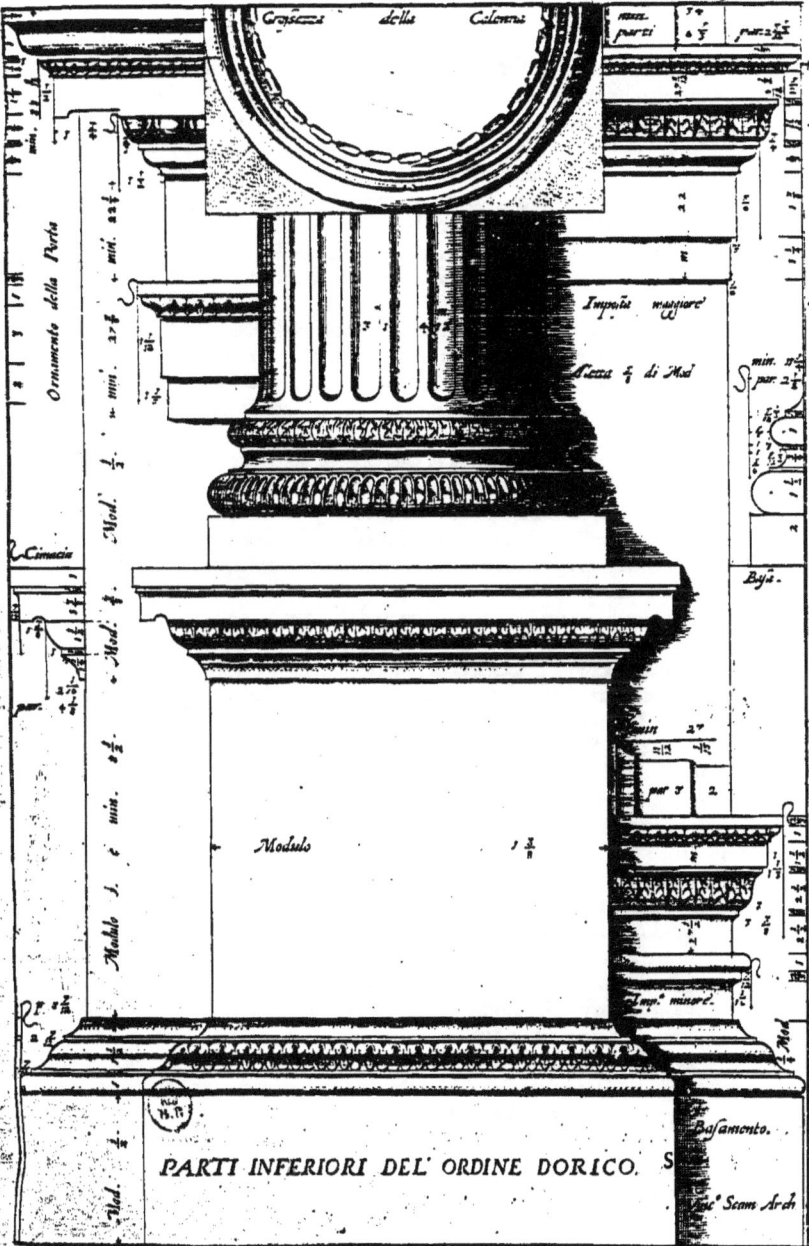

Grossezza   della   Colonna

Impost. maggiore

Altezza ⅔ di Mod.

Base.

Modello   1 ⁵⁄₈

Imp.ᵗ minore.

Ornamento della Porta

Cimacia

Basamento.

PARTI INFERIORI DEL ORDINE DORICO.

Iac.º Scam Arch

La colonne Dorique diminuë du cinquiéme de ſa groſſeur. L'Aſtragalle fait partie du fuſt. Quoyqu'il ſe voye dans l'Antique de differens chapiteaux de cet Ordre, les Modernes n'en ont fait que d'une ſorte: nous en donnerons de trois manieres differentes qui ſont tres-belles. Celuy de Vitruve n'a point eſté ſuivi pour n'avoir pas eſté bien entendu; il luy donne un demi module de hauteur, dont l'abaque avec ſon filet & talon, a le tiers, l'ove & les trois annelets auſſi un tiers, & le gorgerin l'autre tiers. Or l'orle & le talon doivent avoir enſemble les $\frac{1}{3}$ de la plinthe de l'abaque, l'orle les $\frac{2}{3}$ du talon, & les annelets la moitié de l'ove. Vitruve donne à l'abaque deux modules & $\frac{1}{6}$ de largeur de ſorte que diminuant la colonne d'un cinquiéme, il reſte $\frac{1}{6}$ de chaque coſté pour la ſaillie: mais nous reglons autrement ces grandeurs, & les Architectes qui diminuënt la colonne d'un ſix ou d'un ſept & un deuxiéme, ſe trompent. On peut tirer la ſeconde maniere de chapiteau du Theatre de Rome, faiſant deux anneaux ſous l'ove, mais il a beaucoup plus de grace avec le liſteau deſſous, & cela donne plus de ſaillie aux membres. Le Chapiteau du Colizée eſt le plus orné de tous, ſon abaque a un module & $\frac{3}{4}$ de largeur; car aprés avoir fait un demi cercle du diametre ſuperieur de la colonne, il reſte $\frac{1}{4}$ de module pour ſa ſaillie de part & d'autre: il a auſſi $\frac{1}{2}$ module de haut, qui ſe diviſe en onze parties & $\frac{7}{12}$ pour ſept membres qui ont de ſaillie entre un cinquiéme & un ſixiéme de module de chaque coſté.

L'entablement Dorique a le quart de la hauteur de la colonne, ce qui fait deux modules $\frac{1}{2}$ & ſe diviſe en dix-huit parties & un ſixiéme, dont on donne cinq à l'Architrave, ſix un deuxiéme à la friſe, deux troiſiémes de part. à la bandelette qui ſert de chapiteau aux triglyphes & ſix part. à la corniche; le plafond de l'Architrave a $\frac{4}{7}$ de module, ſa hauteur ſe diviſe en ſept parties & $\frac{1}{2}$ Ses membres ſont au nombre de cinq la face de deſſus eſt plus haute de la moitié que celle de deſſous. La friſe eſt haute de $\frac{3}{4}$ de module, dont les metopes ſont quarrées, & les triglyphes ont un deuxiéme de module de largeur & leur hauteur eſt celle de la friſe: ils ſont ornez de deux canaux entiers & de deux demi canaux aux coſtez, les cuiſſes qui les ſeparent ont un douziéme de module, ayant une largeur égale à celle des canaux entiers. La corniche a ſept dixiémes de module. Elle eſt diviſée en ſix parties & un quatriéme, elle a douze membres, ſa ſaillie a un peu plus de cinq ſixiémes de module, & eſt plus grande que ſa hauteur, à cauſe du compartiment des gouttes qui ſont dans le plafond du larmier. Lors que l'entablement fait reſaut ſur la colonne il a un module & un quatriéme de ſaillie, afin que le chapiteau de la colonne ne ſoit pas confondu avec celuy du pilaſtre. A coſté eſt le plafond de la corniche: il faut obſerver que les membres ornez dans les figures le peuvent eſtre ſans confuſion.

La Planche qui ſuit, contient les profils du chapiteau & de l'entablement Doriques.

ORNAM. DEL ORDINE DORICO.

Sporto minuti 55

Cornice

Fregio

Architrave

Lo sporto e parti 7½

Respalita Modulo 1 ½

Fusto del Pilast. Mod. 7½

Fusto del Pilast. Mod. 7½

Modulo della Colonna

Pianta del Capit.

Vinc. Scam. Arch.

⅚ di Modulo

CHAPITRE XXL

De l'Origine des Peuples Ioniens, & de plusieurs Edifices qu'ils ont bastis ; des Ouvrages où cet Ordre convient, & de ses Proportions & Mesures.

Uelques peuples de la Grece, aprés une réponse de l'Oracle & du consentement des Atheniens, sortirent de leur pays & passerent dans l'Asie mineure sous la conduite d'Yon leur Capitaine, qui donna le nom à l'Ionie. C'est là la plus commune opinion, & celle de Vitruve, touchant l'origine des Ioniens. Les plus considerables bastimens qu'ils éleverent furent des Temples, dont les plus remarquables furent le Temple de Minerve d'Elée, fait par l'Architecte Scopas, dont ils ornerent les colonnes d'une maniere differente de celle des Doriens; le Temple de Diane d'Ephese, dont la reputation est si grande dans l'Histoire, & qui fut basti par Ctesiphon ; le Temple d'Apollon dans la mesme Ville, & un autre Temple à Teo, qui fut une des douze colonies fondées par Yon, & encore un Temple de Bacchus basti par Hermogene. A Rome, outre le Theatre de Marcellus & le Colizée, on voit encore le Temple de la Fortune-Virille, celuy de la Concorde, & celuy de l'Eglise de Saint Estienne le Rond ; & par la quantité de chapiteaux Ioniques differents, qu'on voit dans l'Eglise de Sainte Marie au delà du Tybre, on peut juger combien les Romains ont élevé d'Edifices de cet Ordre.

L'ordre Ionique participe de la solidité & de la delicatesse, & il peut estre orné dans beaucoup de ses parties. On dit qu'il represente la taille d'une Dame grave & modeste, les Anciens l'ont employé particulierement dans les cours des maisons particulieres, quoy qu'il se trouve encore à des Temples. Les colonnes Ioniques avec leur base & leur chapiteau, ont sept modules, & trois quatriémes de hauteur, la base a un demy module de hauteur ; le chapiteau sans compter l'Astragalle a de hauteur trois douziémes & un deuxiéme de module : ainsi le fust compris la ceinture d'embas & l'Astragalle d'enhaut, se trouve avoir sept modules & sept huitiémes : on le diminuë par le haut d'un sixiéme de son diametre inferieur.

L'entablement a de hauteur le cinquiéme de la colonne, selon les Anciens, & suivant Vitruve qui le met à la façade de la scene, cela fait un module trois quatriémes : cette hauteur se divise en quinze parties, dont on donne cinq à l'Architrave, quatre à la Frise, & six à la Corniche. Dans les grands ouvrages on peut faire des modillons à cette Corniche avec des denticules dessous : les proportions sont telles que l'Architrave a une partie, la Frise quatre cinquiémes de partie, & la Corniche une partie & un cinquiéme, de sorte qu'elle a la moitié plus de hauteur que la frise.

Le

Le piedeftail doit avoir trois parties & un deuxiéme de toute la
hauteur de la colonne, ce qui fait deux modules & un deuxiéme, & cette
hauteur fe divife en fix parties & deux troifiémes, dont une partie fe
donne à la corniche, trois & deux troifiémes au dé ; les deux autres
font pour l'embafement, les deux troifiémes de parties pour les moulures, & une partie & un troifiéme pour le zocle. Ainfi le zocle a un
demi module, les moulures un quatriéme, le dé un module & trois
huitiémes, & la corniche trois huitiémes de module, qui font en tout
deux modules & demi.

CHAPITRE XXII.

Des Colonnates & Arcs fimples & des Colonnates & Arcs avec Piedeftaux de l'Ordre Ionique, & des proportions de fes portes.

LEs Anciens ont fait beaucoup de Colonnates fimples de cet
Ordre, dont un des principaux exemples eft celuy du Temple de
la Concorde, derriere & au pied du Mont Capitolin : c'eft ce qui nous a
porté à les imiter en plufieurs ouvrages, tant publics que particuliers,
pour des perfonnes de qualité.

Il faut divifer le colonnate fimple, s'il eft de deux colonnes & deux
pilaftres angulaires, fans avoir égard aux faillies des bafes comme cy-
devant, en dix parties & un deuxiéme, dont une fera le module ; on en
prendra quatre pour les diametres, on donnera un Module & cinq
fixiémes à chacun des petits entrecolonnes, & deux modules & un deuxiéme à celuy du milieu, qui eft l'entrecolonne que Vitruve donne à fa
bafilique, & voulant augmenter le portique on augmentera le nombre des colonnes, foit pour fix foit pour huit colonnes de front : on les
peut élever avec un zocle ou des degrez d'un deuxiéme module. Suivant
ces proportions les modillons feront bien diftribuez, & il y en aura
toûjours un fur l'entrecolonne du milieu.

Pour trouver la hauteur de la porte, il faut divifer la hauteur qui
eft depuis le pavement jufques fous le plafond de l'Architrave en fix
parties, & en donner quatre à la porte, & cette hauteur eftant divifée en treize parties, on en donnera fix & un deuxiéme à la longueur du
feüil, autant au linteau, ainfi la porte aura le double de fa largeur : les
montans du chambranle doivent avoir une de ces parties ; l'entable-
blement de la porte eftant divifé en trois parties, on en donne une à
l'Architrave, quatre cinquiémes à la Frife, & un cinquiéme à la Corniche, & cet ornement a une partie de quatre & un deuxiéme de la hauteur de la porte. Si l'on met des confoles aux coftez du chambranle
elles doivent avoir de largeur la moitié de la hauteur de la corniche, &

T

leur hauteur est depuis le haut de la porte jusques sous le larmier de la corniche qu'elles portent : au bas on ajoûte des feüilles de revers; la corniche de la porte regnera le long des murs pour plus grand ornement, & au dessus des niches il y aura des tables refoüillées : les niches auront de hauteur du dessous de la porte embas, deux parties & demi, leur largeur sera d'un module & huit quatorziémes, & lors qu'on en voudra faire des fenestres qui doivent estre quarrées, l'appui doit estre élevé de terre d'une partie de quatre & un deuxiéme de toute la colonne, la porte mobile a trois panneaux de chaque costé.

La Planche qui suit represente le Colonnate simple de l'Ordre Ionique.

ASPETTO DEL | COLONNATO IONICO

Tutta | altezza Mod. 10

Pilastro. Mod.

Fusto Mod. 7

m. 56 1/8

Mod. 3 m. 26

Mod. 3 m. 35

Mod. 1 m. 26

Mod.

Mod. 8 1/4

Mod. Mod. Mod.

Mod. 1 18/12   Mod.   2 1/2   Mod. 1 m. 55 1/2

Mod. 1   Mod. 1

Vinc. Scamozzi

Si l'on veut faire les Arcades avec des colonnes, ainsi qu'il y en a au Colizée & au Theatre de Marcellus, il faut espacer les colonnes de maniere qu'il y ait six modules & cinq sixiéme de module du centre d'une colonne à l'autre, & elles doivent sortir du jambage d'un douziéme de plus que leur demi diametre, & ce douziéme est pour la portée de l'Architrave le long du mur, lors qu'il y a des refaus à l'entablement : le jambage avec les Alettes a deux modules de largeur, & est plus large d'un douziéme de module que la moitié du vuide de la porte, son épaisseur est de trois quatriémes de module, & l'autre quart de module est pour le contre-pilastre. Il faut élever l'ordonnance sur quelques degrez. La largeur des Arcades sera de quatre modules moins un sixiéme, leur hauteur aura le double de leur largeur & un quatriéme de module ; du dessous de la clef jusques sous l'Architrave, il y aura cinq sixiémes de module ; l'Arc sera surmonté d'un cinquiéme de module à cause de la saillie de l'imposte, l'Imposte sera la treiziéme partie de la hauteur depuis le pavement jusques au dessus d'elle-mesme, elle doit regner autour des jambages & le long des murs : le bandeau de l'Arc aura la neuviéme partie de son ouverture, & la clef par le bas la mesme largeur ; il se trouvera neuf modillons dans l'entrecolonne sans ceux qui sont à plomb sur les colonnes.

La porte de ces portiques doit estre ronde, & si on la vouloit faire quarrée elle auroit de hauteur environ quatre parties des sept qui font la hauteur qu'il y a depuis le pavement jusques sous l'Architrave. Les niches seront élevées de terre d'une partie des quatre & un deuxiéme qu'a toute la colonne, & cette hauteur est celle des piedestaux.

La Planche qui suit represente les Arcs simples de l'Ordre Ionique.

ASPETTO DE GL' ARCHI IONICI

Vinc. Scamozzi

Lors qu'on voudra élever ces colonnates sur des piedestaux comme nous avons fait à la place S. Marc, il faudra diviser toute la largeur des quatre colonnes de front avec leurs entrecolonnes en douze parties & deux troisièmes ; car une de ces parties sera le module , & il en faudra prendre quatre pour les diametres des colonnes. Les petits entrecolonnes auront chacun deux modules & un deuxième, & celuy du milieu aura trois modules & deux troisièmes , & l'on pourra se servir de cette proportion si l'on veut agrandir ces façades. Il y aura sept modillons pour l'entrecolonne du milieu , & cinq pour chaque petit des costez sans les perpendiculaires sur les colonnes : il faudra que les saillies des piedestaux regnent au fonds du portique. On donnera de hauteur à la porte quatre parties des sept qu'a la hauteur qui est depuis le pavement jusques sous les modillons de la corniche, sa largeur sera de six parties & un deuxième des treize un deuxième qu'a sa hauteur, ainsi elle sera plus haute du double de la moitié de la hauteur du linteau : le reste sera comme à la porte des entrecolonnes simples : le bas des niches sera de niveau avec le haut des bases des colonnes , & leur hauteur repondra à celle de la porte.

La Planche qui suit , contient le Colonnate Ionique avec Piedestaux.

Colonna Mod.

ASPETTO DEL COLONNATO IONICO CON PIEDESTILI

Vinc. Scamozzi

Pour faire les Arcades avec des piedeftaux fous les colonnes, il faut compter huit modules du centre d'une colonne à l'autre, la largeur du jambage fera de deux modules & un fixiéme, & l'épaiffeur aura la largeur d'une Aletre, & les trois quartiémes du diametre de la colonne, & l'autre quart fera pour le contre-pilaftre. Chaque Aletre aura fept douziémes de module, & la diftance du milieu d'un modillon à l'autre fera d'autre.

Les Arcades auront quatre modules & cinq fixiémes de largeur, & feront plus hautes du double de leur largeur de fept douziémes de module : du deffous de la clef fous l'Architrave, il y aura un module, & ainfi du pavement fous l'Architrave il y aura onze modules, & un quatriéme. Les Arcs feront furmontez d'un quatriéme de module, pour ne pas perdre ce qu'en diminue la faillie de l'Impofte. L'impofte doit eftre haute comme la frife & la corniche de la porte. Le bandeau de l'Arc aura la neuviéme partie de l'ouverture de l'Arcade, & les modillons ne fe confondront point par ces mefures dans angles rentrans.

La porte aura de hauteur treize parties & demy des feize & demy que contient la hauteur qu'il y a depuis le pavement jufques fur la corniche au niveau de l'Impofte fans compter la fimaife, ainfi elle aura quatre parties des fept qui font depuis le pavement jufques fous l'Architrave, fa largeur fera de fix parties un deuxiéme, & par confequent elle aura plus que le double de la moitié du linteau. L'entablement fera divifé en trois parties dont l'Architrave en aura une qui determine la largeur des montans du chambranle : la frife aura une partie moins un cinquiéme, & la corniche une partie & un cinquiéme fans fa fimaife. Le refte fera comme cy-deffus : les niches feront à hauteur des piedeftaux & leur ceintre fera à hauteur de la baye de la porte.

La Planche qui fuit, contient les Arcades Ioniques avec des piedeftaux fous les Colonnes.

Mod. ⁷⁄₆

m. 50

m. 25

¼

⅔

Mod. 9   min. 40

⅔

13

m. 56 ⅔

Modula

min. 35

Mod.

Mod. ⁷⁄₄

min. 7

Colonna

Mod.

Mod.

Mod. 35

Mod. 7

L'altezza

Fusto

Tutta

Mod.

Mod. ¼⁄₅

Mod. ¼⁄₅

Mod. 23 ⅔

Mod. ¼

m. 35

m. 50

m. 35

Mod. 4 ⁵⁄₆

Mod. 4 e min. 50

Vinc. Scamozzi

ASPETTO DE GL' ARCHI IONICI CON I PIEDESTILI

CHAPITRE XXIII.

Des proportions & mesures particulieres des Piedestaux, des Bases, Chapiteaux & Entablemens des Colonnes Ioniques.

L'Astragalle & la ceinture font partie du fust de la Colonne, qui doit avoir vingt-quatre cannelures, dont la coste a de largeur le tiers de la cannellure. La largeur de la base est d'un Module & sept douziémes, & sa hauteur de demi module : le plinthe de la base s'adoucit en portion de cercle jusques à l'extremité de la corniche du piedestail.

Le Piedestail a de hauteur une partie de trois un deuxiéme, qu'a toute la colonne, cette partie se divise en six & deux troisiémes, dont on donne une à la corniche, trois & deux troisiémes au dé, & les deux autres à l'embasement : la corniche a trois huitiémes de module ; on divise cette grandeur en six parties & cinq huitiémes pour sept membres : le dé a un module & trois huitiémes, & repond à la largeur du haut du plinthe de la base de la colonne : la saillie de la corniche est de plus d'un quatriéme de module ; l'embasement a de hauteur trois quatriémes de module, dont les trois sont pour six modules ; cette grandeur estant divisée en quatre parties & un quatriéme : la saillie de cette base est d'un peu plus d'un quatriéme de module de chaque costé.

A costé du piedestail est une des Alettes, qui a de largeur sept douziémes de module ; au dessus est le petit Imposte qui a de hauteur neuf vingtiémes & un deuxiéme de module ; cette grandeur se divise en neuf parties & un deuxiéme, sa saillie est d'un peu plus que d'un dixiéme de module : le bandeau de l'Arc a un peu plus que deux cinquiémes de module, il se divise en sept & demi, la petite face est moindre d'un tiers que la plus grande.

L'entablement a de hauteur une partie des quatre & demy qu'a la hauteur de la porte, ainsi il a un module & ⅔ & ⅓ de module, cette hauteur se divise en 15. parties, dont on donne cinq à l'Architrave, quatre à la frise, & six à la corniche, qui a prez de ⅔ de module de hauteur & autant de saillie, elle a huit membres. La frise peut estre curviligne ou bombée, & par consequent differente de celle des autres Ordres. L'Architrave a ⅔ & ⅓ de module, il se divise en 5 part. & ½ ayant cinq membres. On peut mettre aux costez du chambranle des consoles qui doivent avoir de largeur la moitié de la hauteur de la corniche, & leur longueur est depuis le dessous du larmier jusques au dessous du linteau de la porte.

A costé du fust de la colonne est la grande Imposte, dont la hauteur est pareille à celle de la corniche de la porte, elle a deux faces comme l'Architrave ; le grand bandeau de l'Arc a plus de demi module avec les mesmes membres que le petit.

La Planche qui suit contient les profils de la base du piedestail, des Impostes, & des ornemens de porte de l'Ordre Ionique.

Cognizione delle Colonne

Ornamento della Porta maggiore

Modello

I M. 23 ½

Tronco Moduli 1. e min. 23 ¾

min. 25 ½

Baja.

PARTI INFERIORI DEL ORDINE IONICO.

Scam. Ar.

Le fust de la colonne Ionique doit diminuer d'une sixième partie de son diametre inferieur, il est terminé par en haut d'un filet & d'un astragalle : il se trouve quantité de differents chapiteaux de cet Ordre dans l'Antique. Entre les autres celuy que Vitruve décrit avec assez d'exactitude, a beaucoup de rapport avec les plus beaux de ceux qui sont à sainte Marie au delà du Tybre, c'est pourquoy nous l'examinerons avec soin.

L'abaque a de largeur la grosseur du pied de la colonne & une dix-huitiéme partie de plus : avec ces parties on divise toutes celles qui font la hauteur de tout le chapiteau avec les volutes, & cette hauteur est de neuf & demy de ces parties. Pour former ce chapiteau, on fait deux differentes retraites pour tracer les cathetes, mais cela a esté mal entendu par les interpretes de Vitruve, qui n'ont point compris son intention : la premiere retraite est d'une partie & un quatriéme de chaque costé, qui font deux parties & un deuxiéme en tout : & ces parties sont de dix-neuf pour les petits chapiteaux, & de vingt pour les grands, & elles determinent la largeur de la face du chapiteau par la saillie de l'abaque & des volutes devant & derriere, qui sont distantes de seize parties & un deuxiéme, & répondent des quatre costez à la saillie de l'abaque : Les cathetes sont quatre lignes perpendiculaires au coins de l'abaque, auquel on donne une partie & un deuxiéme de hauteur, de maniere qu'il reste huit parties pour la hauteur des volutes.

La seconde retraite se fait à droit & à gauche sur la face des volutes, de trois quatriémes de parties allant des coins de l'abaque en dedans, ce qui fait en tout une partie & un deuxiéme, & ainsi entre ces deux points restent dix-sept parties & un deuxiéme : sur les perpendiculaires tombées de ces deux points, on fait les centres des yeux des volutes, a quatre parties & un deuxiéme du dessous de l'abaque ; & il en reste trois & un deuxiéme jusques au bas, qui font les huit dont il est parlé cy-dessus. L'œil de la volute a une partie, & ses diametres à plomb & de niveau sont chacun divisez en quatre parties égalles, la volute diminuë dans chaque quart du tour de la moitié de la largeur de l'œil, de sorte qu'au premier tour elle diminuë de deux parties, & Vitruve n'en dit pas autre chose.

La hauteur du chapiteau se divise en cette maniere. Il reste trois parties depuis l'œil jusques au bas de la volute, & l'Astragalle est de la mesme hauteur que l'œil, dont la ceinture a la moitié : l'ove a deux parties de hauteur depuis l'astragalle jusques à l'endroit où se termine le premier tour de la volute, & est orné à chaque face de trois œufs. Le canal avec son listeau a de hauteur les deux que la diminution du premier tour a laissée à un & demy pour le talloir composé de son talon & filet ; ces quatre membres sont quarrez, qui font ensemble cinq parties & un deuxiéme de dix-huit : l'ove saille en dehors d'une partie au delà de l'extremité de l'abaque.

Les ceintures qui vont par les costez d'une volute à l'autre, faites
comme

comme de petits oreillers tournez justement sur la saillie de l'ove ont
une partie de large ; l'axe qui est l'épaisseur de la volute vers l'extremité
du dehors, a encore une partie. Les volutes au commencement de leur
contour, sont plus profondes que le nu de leur listeau de deux troisiémes de parties, qui est un douziéme de leur largeur, & cette profondeur
diminué jusques à l'œil.

Voila selon nostre opinion les proportions que donne Vitruve aux
chapiteaux des petites colonnes. Mais à ceux des grandes, il donne
vingt parties des dix-huit du pied de la colonne, apparemment afin que
les volutes soient éloignées pour faire que l'astragale puisse entrer sans
toucher aux volutes. La diminution par le diametre superieur du sixiéme
à l'égard de l'inferieur est bien proportionnée pour donner plus de liberté aux volutes & de grace au fust.

Il faut à present expliquer un autre chapiteau Ionique de nostre
invention imité de l'Antique & de Vitruve en partie, qui est different des autres qui ont esté faits jusques à present, en ce que l'Abaque est dégagé par dessous, que les volutes sont angulaires, que les
quatre faces en sont égales, & qu'il a beaucoup de rapport à la partie
superieure du chapiteau Romain : il est si regulier en ses parties &
reüssit avec tant de grace qu'il a esté mis en œuvre à la plûpart des
bastimens que nous avons faits.

Son plan quarré a un module & un troisiéme à chaque face, il y faut
tracer des lignes diametralles & d'autres diagonalles qui se croisent, &
qui se divisent en huit parties égalles : du centre on décrit la circonference du diametre superieur, & celle du listeau & de l'Astragalle.

Ensuite sur chaque diagonalle, il faut tracer à l'esquerre une ligne
distante du centre d'un module moins un huitiéme, ainsi la diagonalle
reste en tout longue d'un module & trois quartiémes ; cette ligne à chacune des extremitez des diagonalles fait les cornes de l'abaque, qui ont
deux parties & trois quartiémes de largeur : les huit angles touchent les
quatre costez du quarré, & sur un des costez d'un des points qui le touche, il faut prendre la base d'un triangle équilateral, & de son sommet
tracer la ligne courbe de la face de l'abaque; la profondeur de cette courbure sera de deux douziémes & demy de module, de sorte que d'une
courbure à l'autre il y aura un module & un douziéme, comme nous
avons dit cy-devant, ce qui peut encore servir pour faire l'abaque quarré.

Au milieu de chaque face de l'abaque il faut mettre une fleur large
d'un cinquiéme de module, ou de trois parties deux cinquiémes des dix-
huit ; depuis l'extremité de l'Astragalle jusques à celle de la corne de l'a-
baque il y aura sept parties de largeur; le dessous des volutes, est de
deux parties & trois quartiémes vers le devant : & elles s'élargissent en
dedans, & s'éloignent de l'ove & entrent dessous l'abaque; sous les fleurs
regne l'ove, qui saille à chaque face de demi partie plus que la courbure
de l'Abaque, ce qui est pour le plan.

Y

La hauteur de ce chapiteau avec ses volutes est de neuf parties & cinq huitièmes des dix-huit du bas de la colonne ; nous nous servons de ces mesures pour faire la division & donner les hauteurs des parties. L'Abaque a de front un module & un troisième, sa hauteur est d'une partie & de cinq huitièmes qui comprennent le filet & le talon, qui a une partie de saillie égalle à sa hauteur. Sous l'abaque le listeau & la volute a une demi partie, & le membre creusé de la volute qui pose sur l'ove, une partie & demie.

L'ove a deux parties de ce membre creusé qui est à la volute, & finit sur l'Astragalle, qui determine le haut du fust de la colonne ; il y a un module & un neuvième de diametre : l'Astragalle a une partie de hauteur, & repond à l'œil de la volute, le listeau au dessous a deux cinquiémes de cette partie, & ces membres doivent estre toûjours degagez des volutes qui pendent plus bas que le listeau, de deux parties & trois cinquiémes.

Les volutes depuis le dessous de l'abaque ont huit parties de haut, sept de large, & leur épaisseur sous la corne de l'abaque est de deux parties & trois quartiémes : elles commencent à costé de la fleur sur l'ove, & se vont courber sous la corne de l'abaque. L'Oeil de la volute qui est d'une partie doit estre de niveau avec l'Astragalle : dans le milieu de l'œil on fait un quarré plus petit de moitié que le diametre & parallele aux lignes croisées : les diagonalles de ce quarré se divisent en six parties égalles, qui font en tout douze centres pour les tours de la volute, il faut prendre-garde que les centres angulaires sont éloignez entr'eux de demi partie, ceux des lignes du quarré d'un troisième de partie, & ceux de dedans d'un sixième de partie, & ainsi la volute diminuë dans les trois tours de ses douze quartiers.

Il y a quatre parties & demy depuis le centre de l'œil jusques sous l'abaque, & quatre depuis le centre jusqu'au dehors de la volute, qui est à plomb sous la face de la corne de l'abaque ; il y en a trois & un deuxième de ce mesme centre jusques au bas de la volute : ainsi elle diminuë de deux parties dans le premier tour, c'est-à-dire demi partie pour chaque quartier, & dans le dernier tour elle diminuë de deux troisièmes de parties, c'est-à-dire d'un sixième pour chaque quartier ; de sorte que c'est quatre parties pour les trois tours qui sont dans l'espace contenu depuis le dessous de l'abaque jusques sur l'œil.

Les quartiers des volutes de Vitruve sont quatre à chaque tour, les premiers se forment sur les lignes des costez & des angles du petit quarré de l'œil ; & si l'on veut tourner la volute avec le compas, on met la pointe fixe sur le premier centre & angle interieur du quartier, & de l'autre on trace, & cela se suit en tournant ; & comme les douze centres changent de situation, les douze quartiers changent de mesme aussi, bien qu'ils soient sur les lignes paralelles au diametre tant d'un sens que de l'autre : cela n'est point bien expliqué par les Architectes Modernes,

Or parce que dans le premier tour, la volute diminuë de deux parties, & que sa grosseur est de demi partie, quand on veut tourner de face cette grosseur, il faut reporter les centres un quatriéme plus en dedans de l'espace des douze premiers, sur les mesmes diagonales du quarré, car faisant ainsi elle diminuëra & viendra finir jusques à l'œil.

L'entablement de l'Ordre Ionique a la cinquiéme partie de la colonne qui fait un module & trois quatriémes : il se divise en quinze parties dont cinq se donnent à l'Architrave, quatre à la frise, & six à la corniche. L'Architrave a de hauteur cinq sixiémes & sept douziémes de module ; il contient six membres, ses trois faces sont plus grandes l'une que l'autre d'un troisiéme. La frise est à plomb sur la premiere face de l'Architrave & est droite, parce que la courbure dans cette partie est une marque de peu de solidité, sa hauteur est de sept quinziémes de module, elle est couronnée d'un listeau qui y est joint par un adoucissement.

Dans les ouvrages les plus considerables, la hauteur de l'entablement est entre le quarre & le cinq de la colonne, & cette hauteur se divise en seize parties & deux troisiémes, dont on en donne cinq & deux troisiémes à la frise, & le reste comme cy-devant : pour lors on peut tailler des ornemens comme ceux que nous avons fait faire aux portiques de la place Saint Marc. La corniche a sept dixiémes & demy de module de hauteur ; on la divise en sept parties & cinq douziémes & demy, qui font douze membres ; elle a un douziéme de saillie plus que de hauteur.

Les entablemens en avant-corps sur les colonnes, doivent estre égaux en leurs Architrave & frise, au diametre superieur de la colonne, ils ont deux espaces & trois modillons de front, & deux espaces & deux modillons de costé, ils saillent en dehors d'un module & trois quatriémes, & par ces mesures on connoît la juste distribution des modillons & de leurs espaces quarrez. A costé est le plafond de la corniche. Les figures font voir les membres qui peuvent estre ornez.

La Planche qui suit contient les profils du chapiteau Ionique & son entablement.

ORNAMENTI DEL   ORD.   IONICO

CHAPITRE

Vinc. Scam. Arch.

CHAPITRE XXIV.

De l'Origine des Romains, de leurs plus considerables Edifices, de ceux ausquels cet Ordre convient, & de ses proportions & mesures.

Puisque suivant l'ordre que nous tenons pour mettre les cinq espe-ces des Colonnes chacune en leur rang, nous avons resolu de met-tre l'ordre Composé le quatriéme, il faut rendre raison de cette transpo-sition, & faire voir qu'il est placé dans un endroit convenable à son ca-ractere. Le nom de Composé ou Composite, que luy ont donné la plû-part des Architectes n'est pas assez particulier à cet Ordre, puisque ses ornemens sont reglez, & qu'il a ses proportions comme le plus parfait, celuy d'Italique ou de Latin, ne luy convient pas encore, parce qu'il ne marque que la Province, sans nommer la Ville où il a esté inventé, estant la mesme chose comme si l'on nommoit l'Ordre Dorique l'Ordre Grec; car cela ne le distingueroit pas de l'Ionique & du Corinthien qui le sont aussi: & il n'y a que le Toscan qui soit nommé du nom d'une province de l'Italie, ainsi celuy de Romain luy est le plus convenable, parce que c'est dans Rome qu'il a esté le premier mis en œuvre, & qu'il ne s'en trouve ny en Grece ny en Italie qui ayent esté faits devant ceux des Arcs de Triomphe. Ceux qui ont placé cet Ordre au dessus des autres, ont pretendu le mettre au rang où estoient les Romains, entre les autres nations, & au comble de la richesse de l'Architecture, sans faire refle-xion qu'il est plus pesant & moins orné que le Corinthien, qui est le moins capable de soûtenir le faix de quelque édifice.

Comme cy-devant nous avons rapporté l'origine des peuples qui ont inventé les autres Ordres, il est à propos de toucher quelque chose de celle des Romains, qui sont si recommandables dans l'Histoire. Il y a peu de personnes qui ignorent que Romulus fut le Fondateur de cette Ville, que par la valeur de ses peuples, la Republique Romaine se rendit maîtresse de l'Univers, & qu'ayant rapporté des païs conquis les monu-mens les plus considerables, & les differentes manieres de bâtir que des ouvriers leurs esclaves leur enseignerent; il est arrivé que de même qu'ils furent les premiers dans l'Art de la guerre, ils excellerent aussi dans les autres avec tant de succez, que les moindres vestiges de leur magnifi-cence ont servi de Modele à ce que les autres Nations ont fait de plus beau.

Les plus considerables Edifices qu'ils ayent élevé de cet Ordre, sont les Arcs de Triomphe dont celuy de Titus est le premier où cet Ordre ait paru avec celuy de Septime Severe où cet Ordre est assez regulier : il se voit encore de beaux restes de cet Ordre dans les Thermes de Diocle-

Z

tien, fans parler de plufieurs autres qui ne font pas de la beauté ny des proportions de ceux-cy.

Les mefures generales de cet Ordre font, que la colonne doit avoir neuf modules & trois quatriémes, avec fa bafe & fon chapiteau. La bafe a un demy module, & le chapiteau un module & un fixiéme, qui fe donne à l'abaque : ainfi le fuft de la colonne refte de huit modules & un douziéme. Il diminuë par le haut du feptiéme de fa groffeur. L'entablement a le cinquiéme de la hauteur de la colonne, qui fait deux modules moins un vingtiéme de module : il fe divife en quinze parties, dont l'Architrave en a cinq, la frife quatre, & la corniche fix ; ainfi la frife eft moins haute que la corniche d'un troifiéme, & lors qu'on y voudra tailler des ornemens, il faudra obferver les mefures de l'Ionique.

Les piedeftaux auront de hauteur une partie & trois & un quatriéme de celle de la colonne, qui fera trois modules divifez en huit parties, dont la corniche en a une, le dé ou tronc cinq, & l'embafement les deux autres, dont on donne deux troifiémes de parties aux moulures de la bafe, & un & un troifiéme pour le zocle, qui a par confequent demi module ; les moulures un quatriéme de module, le tronc un module & fept huitiémes, & la corniche trois huitiémes de module, & le tout fait trois modules.

CHAPITRE XXV.

Des Colonnates & Arcs simples de l'Ordre Romain, de ses colon-
nates & Arcs avec Piedestaux, & des mesures de ses Portes.

LA largeur d'un Colonnate de trois entrecolonnes, à prendre de
l'angle d'un pilastre à l'autre, sans compter les saillies des bases, doit
estre divisée en neuf parties & deux troisièmes dont une sera le module,
il en faut rabatre quatre pour les diametres des deux colonnes , & des
deux pilastres ; ainsi l'entrecolonne du milieu aura deux modules & un
quatrième, les petits des costez , un module & un peu plus de deux
troisièmes , & le grand entrecolonne , prés du troisième plus que
ceux des costez. Si le colonnate a six colonnes de front, sa largeur sera
de quinze modules & un douzième , s'il en a huit l'ordonnance aura
vingt modules & un deuxième de large. Il est necessaire d'élever les colonnes sur quelque zocle. Selon ces distributions les modillons seront
bien espacez, les petits entrecolonnes auront quatre modillons, & les
grands cinq, sans les perpendiculaires sur les colonnes.

La hauteur de la porte aura quatre parties des sept qui sont depuis le
pavement du portique jusques sous le plafond des modillons, ou deux
parties des six qui sont jusques sous l'Architrave. Ces quatre parties
estant divisées en six & un quatrième, on donne à sa largeur par embas
six de ces parties & trois quatrièmes, elle doit estre un peu plus étroite
par le haut, en sorte que les montans du chambranle doivent estre paralelles avec le contour du dehors des colonnes qui sont vis-à-vis, & qui
diminuent : sa proportion est que sa hauteur a le double de sa largeur, &
le troisième de la hauteur du linteau de plus. L'entablement a de hauteur
trois parties des quatorze & un quatrième qu'a la hauteur de la porte ;
l'Architrave a une de ces parties, la Frise en a une autre moins un cinquième, & la Corniche un & un cinquième sans sa simaise. Les consolles
à costé des orillons du chambranle ont de largeur la moitié de la hauteur
de la corniche & pendent de dessous le larmier jusqu'à la hauteur de la
baye de la porte.

Ce qui appartient au retrecissement des portes par le haut à leurs ouvertures, & aux montans du chambranle, sont des choses qui ne conviennent pas à toutes sortes de colonnate ; car lorsque les montans du
chambranle sont par delà la ligne qui est à plomb au milieu de la colonne, ils doivent estre paralelles au contour exterieur de la colonne ; &
c'est ce dont Vitruve pretend parler, lors qu'il dit que les deux especes
d'entrecolonnes qui sont serrez, ôtent la veuë des ornemens des portes,
& qu'il faut moins retrecir les plus hautes, telles que sont les Corinthiennes. La porte de la Rotonde, qui a de hauteur trente-trois pieds

sur seize un deuxiéme de largeur, & qui est un peu retrecie par le haut, est d'une grande autorité pour la pratique de ce retrecissement : la porte de Sainte Sabine est encore de mesme, comme la porte & les fenestres de l'Eglise de S. Estienne le Rond & celles du petit Temple de Tivoli. Mais il ne faut jamais retrecir celles qui sont dans les Arcades.

Le haut des Niches doit repondre à celuy de la porte, & elles doivent estre élevées du pavement d'une partie des trois & un quatriéme qu'a la hauteur de la colonne; la frise & la corniche doivent regner le long du portique, & il faut mettre au dessus de cette corniche des tables pour des inscriptions ou des bas reliefs.

La Planche qui suit represente le Colonnate simple de l'Ordre Romain.

Quoiqu'il

ASPETTO DEL COLONNATO ROMANO

Quoiqu'il n'y ait pas d'exemple antique de cet Ordre sans piedestail, toutefois la pratique en est belle lors qu'il est bien proportionné. Il faut élever l'ordonnance sur un zocle de demi Module, & faire le reste comme il est dit au douziéme Chapitre. La distribution est telle qu'il faut qu'il y ait six modules & un deuxiéme de distance du centre d'une colonne à une autre; les colonnes doivent sortir du mur, de maniere que la fleur du chapiteau soit entiere par le costé. Les jambages doivent avoir de largeur une partie de deux & un troisiéme de la largeur de l'Arcade, & leur épaisseur doit avoir la largeur d'un Alette & de trois quatriéme de module, & un autre quatriéme pour le contre-pilastre du dedans, les Alettes ont chacune de largeur un peu plus de cinq douziémes de module.

Les Arcades auront quatre modules & prés de sept douziémes de large, leur hauteur est du double de leur largeur & de trois douziémes de module de plus, du dessous la clef jusques sous le plafond, il y a cinq sixiémes de module : cette hauteur de l'arcade comprend le zocle qui est sous la base de la colonne; l'Arc de plein ceintre sera surmonté d'un quatriéme de module : l'Imposte aura la treiziéme partie de l'espace qui est depuis le pavement jusques au dessus de luy-mesme; le bandeau de l'Arc & la clef par le bas seront chacun de la neuviéme partie de la largeur de l'Arcade. Les modillons sont bien espacez. Il faut faire saillir l'entablement lors qu'on y veut mettre un fronton.

La hauteur de la porte au dessous de l'Imposte aura quatre parties des sept qui sont depuis le pavement jusques sous l'Architrave, le dormant au dessus sera ceintré & de menuiserie comme la porte mobile : l'ouverture de la porte sera plus étroite que l'Arc d'un quatriéme de module de chaque costé; pour avoir un autre bandeau d'Arc, on peut élever le seuil de cette porte sur des degrez jusques à la hauteur du zocle, qui est sous les bases.

Les Niches seront élevées du pavement d'une partie des quatre & un quatriéme depuis le mesme pavement jusques sous l'Architrave : en dehors les moulures sur lesquelles elles posent regneront le long du portique : leur hauteur ira plus bas que l'Imposte, quoiqu'elles soient ornées de bandeaux d'Arcs & d'Impostes.

La Planche qui suit represente les Arcs simples de l'Ordre Romain.

ASPETTO DE GL' ARCHI ROMANI

Il se trouve quelques Edifices antiques où les colonnes de cet Ordre, ont des piedestaux dont les proportions ne sont pas bien reglées. C'est pourquoy ayant donné la hauteur aux piedestaux qui est marquée cy-devant, il faut de l'angle d'un pilastre à l'autre diviser cet espace en douze parties moins un sixiéme, qui seront autant de modules, dont les deux colonnes & les deux pilastres en emportent quatre ; l'entrecolonne du milieu a trois modules & un troisiéme, & chacun des petits qui sont aux costez, doit avoir deux modules & un quarriéme qui est un espace que Vitruve estime estre le meilleur qu'il puisse y avoir d'une colonne à une autre : l'entrecolonne du milieu a un peu plus que la moitié de ceux des costez, & leur proportion est comme de vingt-sept à quarante. Le colonnate de six colonnes sera large de dix-huit modules & un troisié-me, & celuy de huit de vingt-cinq modules moins un sixiéme ; les petits entrecolonnes auront cinq modillons, & le grand sept, dont un au mi-lieu vient à propos pour le fronton. Lors que le piedestail regnera pour fermer le portique avec des balustres, ses moulures doivent rentrer en dedans, en sorte que les balustres soient sur la ligne qui passe du centre d'une colonne à l'autre.

La porte doit avoir de hauteur quatre parties des sept qu'il y a depuis le pavement jusques sous le plafond des modillons. On divise ces quatre parties en quatorze & un quarriéme, dont on en donne six & trois qua-triémes à la largeur du seuil, & se retreciffant par le haut ses costez sont paralelles aux colonnes anterieures : ainsi cette porte a le double de sa largeur avec trois quarriémes de la hauteur du linteau. L'ornement au dessus a trois parties des quatorze & un quarriéme, le reste se divise comme à la porte du colonnate simple. On peut faire ouvrir les deux vanteaux de la porte mobile de leur hauteur ou mettre un dormant sous le linteau, comme ont fait les Anciens : la hauteur du bandeau d'Arc des niches doit estre égalle à celle de la porte, & elles doivent estre élevées par embas au dessus des bases, de plus d'un demi module.

La Planche qui suis represente le Colonnate Romain avec des piedestaux.

Il y a

ASPETTO DEL COLONNATO ROMANO CO PIEDESTI

Il y a beaucoup d'exemples de l'Ordre composé avec des Arcades &
des piedeftaux fous les colonnes , dont les plus confiderables font les
Arcs de Titus, & de Septime Severe. Il faut premierement élever l'ordonnance fur quelques degrez, comme il eft dit cy-deffus, & divifer l'efpace qu'il y a du centre d'une colonne à une autre en fept modules &
fept douziémes de module : les colonnes fortiront du mur , en forte que
la fleur du chapiteau paroîtra entiere ; le jambage aura une partie de
deux & deux troifiémes de la largeur de l'Arcade, dont la groffeur fera
de la largeur d'un alette & trois quatriémes de module, & l'autre quart
fera pour le contre-pilaftre du dedans du portique : les alettes auront
chacune fept douziémes & un deuziéme de module, ce qui fera égal à
l'efpace du milieu d'un modillon au milieu de l'autre. Les alettes fur les
retours d'angles doivent diminuër par le haut comme les colonnes.

Les Arcades auront de hauteur deux fois leur largeur , & trois quatriémes de module , & un module du deffous de la clef fous l'Architrave,
l'Arc de plein ceintre fera furmonté de trois douziémes & un deuziéme
de module à caufe de la faillie de l'Impofte, qui a de hauteur celle de la
frife & de la corniche de la porte fans la fimaife. Le bandeau de l'Arc a de
largeur la neuviéme partie de la largeur de l'Arcade, les modillons font
bien efpacez dans cette corniche , tant pour faire un frontton au milieu
que pour les retours d'angles ou ceux des Alettes diminuées par le haut,
car ils ne fe confondent point : on peut auffi aux Alettes faire regner le
piedeftail & la bafe de la colonne , ainfi que le chapiteau en boffage
faillant comme l'Aftragale couronné du tailloir.

La proportion de la porte fe prend en divifant la hauteur qui eft depuis le pavement jufques fous l'Impofte en dix-fept parties & un quatriéme compris la fimaife, dont on en donne quatorze & un quatriéme
à la hauteur de la porte, qui eft juftement quatre de fept parties, depuis
le pavement jufques fous l'Architrave; elle doit avoir fix parties & trois
quatriémes de large par le feüil & par le linteau, parce qu'elle ne diminuë pas, & ainfi elle a les trois quatriémes de l'épaiffeur du linteau plus
que le double. L'entablement de cette porte fe divife en trois parties,
dont l'Architrave a une, la frife quatre cinquiémes, & la corniche une &
un cinquiéme, comme il eft dit cy-deffus, où l'on doit prendre auffi les
mefures des niches & des parties de la porte mobile.

La Planche qui fuit contient les Arcs Romains avec des piedeftaux.

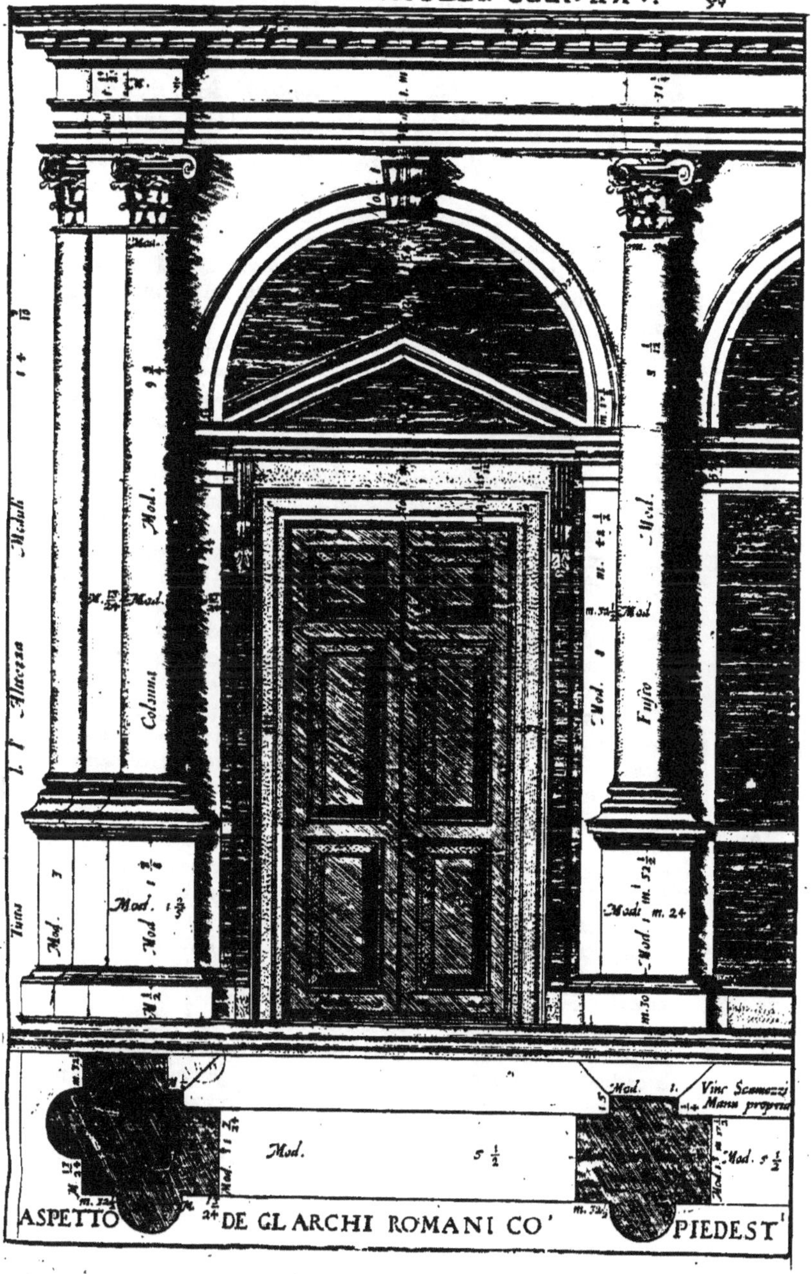

ASPETTO DE GL ARCHI ROMANI CO' PIEDEST'

CHAPITRE XXVI.

Des proportions & mesures particulieres des piedestaux, des bases, des chapiteaux & des entablemens de l'Ordre Romain.

LE fust de cette colonne a au bas un Astragale & une ceinture ; ses canellures sont au nombre de vingt-quatre, dont les costez ont une partie de trois & deux troisiémes de leur largeur, & dont la profondeur est la moitié. La base a de largeur un module & peu plus de trois huitiémes pour les saillies de part & d'autre, elle a demi module de hauteur, qui se divise en six parties, elle a six membres, il y a un Astragale entre le grand tore & la scotie ; la plinthe s'unit à l'extremité de la corniche du piedestail par un adoucissement en portion de cercle.

Le piedestail a une partie de trois & un quatriéme de la hauteur de la colonne & vient haut de trois modules, qui se divisent en huit parties, dont on donne une à la corniche, cinq au dé & deux à la base. La corniche a trois huitiémes de module de hauteur & se divise en six parties & onze douziémes & un deuxiéme pour huit membres, sa saillie a un peu moins que trois douziémes de module : la hauteur du tronc du piedestail est d'un module & sept huitiémes ; sa largeur repond à celle de la base, qui est un module & peu plus de trois huitiémes : les moulures de la base du piedestail sont six, elle a un quatriéme de module de haut & se divise en quatre parties & un sixiéme, le zocle a demi module de hauteur, & un module & neuf vingtiémes de largeur. A costé du piedestail sont les Alettes des costez de la colonne qui ont $\frac{7}{12}$ & $\frac{1}{2}$ de module de largeur.

A gauche de la colonne est le petit Imposte qui a de hauteur prés de $\frac{11}{30}$ & $\frac{2}{3}$ de module & $\frac{2}{7}$ de saillie, il se divise en onze part. & $\frac{1}{12}$ & a dix membres, le bandeau d'Arc a $\frac{7}{12}$ de module & se divise en 7. part. & $\frac{1}{3}$ pour six membres, la moindre face est plus petite que l'autre d'un troisiéme.

A droit du piedestail est l'entablement de la porte, qui a de hauteur une partie de quatre & $\frac{1}{4}$ de celle de la porte, ce qui fait un module & peu moins de $\frac{7}{11}$ il se divise en 15. part. dont il en faut 5. à l'Architrave, 4. à la frise, & 6. à la corniche, qui est haute de $\frac{7}{1}$ & $\frac{1}{5}$ de module, sa saillie est égale à sa hauteur, elle se divise en 6. part. & $\frac{1}{12}$ pour onze membres qui la composent. La frise a un peu plus que $\frac{1}{11}$ de module, & s'unit à la frise par un adoucissement, le listeau d'enhaut en fait partie. L'Architrave a $\frac{7}{3}$ & $\frac{1}{4}$ de module, & se divise en 7. part. & $\frac{4}{5}$ elle a six membres, & la petite face est moindre d'un troisiéme que la plus grande.

A gauche du piedestail est le profil du grand Imposte aussi haut que la corniche & la frise de la porte, changée en deux faces inégales ; ses membres s'unissent avec grace à ceux de la corniche : le bandeau de l'Arc a huit quinziémes & un deuxiéme de module, il a six membres autant que le petit & de mesme proportion.

La Planche qui suit represente les profils du piedestail, de la base, des impostes, & de la porte de l'Ordre Romain.

Le

Altez. min. 22 ⅖

Mod. Basa.

min. 22 ½

Cimacia

Ornam. della Porta
mez. 37 ½

Moduli

s. m.¹ 24

Moduli

BASAMENTI DEL ORDINE ROMANO.

Cc

Sc. Arc.

Le fust de la colonne Romaine diminuë par le haut d'un septiéme de sa grosseur, de sorte que son diametre superieur reste de six septiémes de module ; il a un filet & un Astragalle par le haut comme par le bas.

Pour bien faire son chapiteau, il faut en tracer le plan & l'élevation ; pour cela on forme un quarré d'un module & un deuxiéme de largeur, & on tire des diagonalles & des diametralles qui se croisent & partagent le quarré en huit parties égalles : du centre vers les angles à la distance d'un module, il faut tirer des lignes à l'esquere de la longueur d'un huitiéme de module, pour les cornes de l'Abaque, de maniere que ces lignes touchent le quarré du plan par huit angles, & sur deux de ces angles à une des faces, il faut former un triangle équilateral dont le sommet soit le centre de la courbure de l'Abaque où sont les fleurs, larges d'un quatriéme de module.

Il faut tracer deux cercles sur ce plan, l'un de la largeur du diametre superieur de la colonne, & l'autre plus petit, qui touche au fonds des canelures, & l'espace qui est entre-deux est celuy qu'occupent l'épaisseur des feüilles. Les huit petites feüilles sont devant chaque huitiéme partie, & leur plus grande saillie est égalle à celle de l'ove, & à la profondeur de la courbure de l'Abaque, qui a de diametre un module & un sixiéme qui est la hauteur de tout le chapiteau. Les huit grandes feüilles sont devant les quatre faces, & les diagonalles & leur plus grande saillie repond au milieu de la fleur le diametre du cercle qui les renferme a plus d'un module & un troisiéme ; l'épaisseur des volutes sous la corne de l'Abaque est au moins d'un huitiéme de module, comme la corne, & elles s'élargissent avec grace sous l'Abaque : voila ce qui concerne le plan.

Par le profil on connoît la hauteur du chapiteau qui est d'un diametre & un sixiéme pour l'Abaque composé d'un petit quart de rond d'un listeau & d'une face un peu inclinée : le reste se divise depuis l'Abaque jusqu'à l'Astragalle en trois parties égalles, dont une est pour les premieres feüilles, l'autre pour les secondes, & la troisiéme pour les volutes, qui entrent encore dans la face de l'Abaque. Le corps du chapiteau est de forme ronde, & haut d'un module.

Les volutes sont hautes de huit parties & larges de sept & se forment de la mesme maniere & avec les mesmes centres que les Ioniques, mais leurs parties sont d'un vingtiéme de module, au lieu que les Ioniques ne sont que d'un dix-huitiéme. La saillie des premieres & secondes feüilles est determinée par une ligne qui vient de la saillie de l'Astragalle à l'extremité de la circonference d'un cercle tracé au dessus de l'Abaque, dont le diametre a un module & trois quatriémes, cette circonference est un huitiéme plus en dedans que celles que quelques Architectes ont décrit, qui la font aller un huitiéme plus en dehors que celle que d'autres ont tirée jusqu'au fleuron de la corne de l'Abaque. L'une & l'autre saillie sont defectueuses par leur excez.

La perpendiculaire qui prend de dessous les cornes de l'Abaque, & passe par le centre de l'œil de la volute tombe sur l'extremité des secondes feüilles diagonalles, qui se replient sous la volute : la perpendiculaire du cœur de l'abaque tombe sur l'extremité des premieres feüilles & de l'ove, duquel les volutes s'approchent par le dedans. Entre l'abaque & l'ove il doit rester un espace de deux troisiémes de parties, cela fait qu'il semble que les volutes & la fleur naissent du corps du chapiteau ; cette fleur va depuis le dessus de l'ove jusques sur l'Abaque. L'ove a deux parties dont l'Astragalle en a une & ne passe pas le premier tour de la volute.

Le contour du vase ou tambour du chapiteau qui commence depuis son orle jusques sur le fond des cannelures du fust, est un trait conduit à la main, comme on le voit par le profil au trait. Au bas du dessein du chapiteau, on voit le plan de l'abaque, qui a un module & un deuxiéme avec sa fleur d'où naissent les volutes de part & d'autre. Derriere les premieres feüilles sortent des tiges de fleurs qui se contournent en rinceaux sous l'orle de l'abaque avec grace, & augmentent la richesse de ce chapiteau, ainsi que font des fleurons dont on peut orner le dedans des volutes.

Le revers des feüilles est d'un quarriéme de leur hauteur ou d'un douziéme de module, estant plus larges par le bas, elles imitent la nature & la belle maniere de l'Antique : l'on les peut faire de feüilles de chêne pour marquer qu'elles doivent avoir plus de solidité que les Corinthiennes.

L'entablement de cet Ordre estant le cinquiéme de la colonne, il est haut de deux modules moins un septiéme ; il se divise en quinze parties, dont on en donne cinq à l'Architrave, quatre à la frise, & six à la corniche : le plafond de l'Architrave a six septiémes de module, ainsi que le haut du fust de la colonne, sa hauteur a prez de deux troisiémes de module, & se divise en neuf parties, elle a huit membres, & la petite face est moindre d'un troisiéme que la plus grande.

La frise a un peu moins de six douziémes & un deuxiéme de module, estant lice, mais lors qu'on y veut tailler de la sculpture on l'a fait haute de cinq parties & deux troisiémes, comme l'Ionique. La corniche est un peu moins haute que quatre cinquiémes de module, sa saillie est égalle à sa hauteur, elle se divise en huit parties moins un douziéme pour seize membres.

Avec ces mesures les entablemens en avant-corps ont leur frise & la premiere face de leur Architrave large de sept huitiémes de module comme le diametre superieur de la colonne, & ont trois modillons de front & deux de côté : cet entablement saille d'un module cinq huitièmes de module. A côté de l'entablement est le plan de la corniche qui se voit pardessous où sont les modillons & leurs espaces dans les quaisses de ces espaces, il faut mettre des roses & tailler doucement les moulures comme elles sont aux figures.

La Planche qui suit represente les profils du chapiteau & de l'entablement de l'Ordre Romain.

CHAPITRE

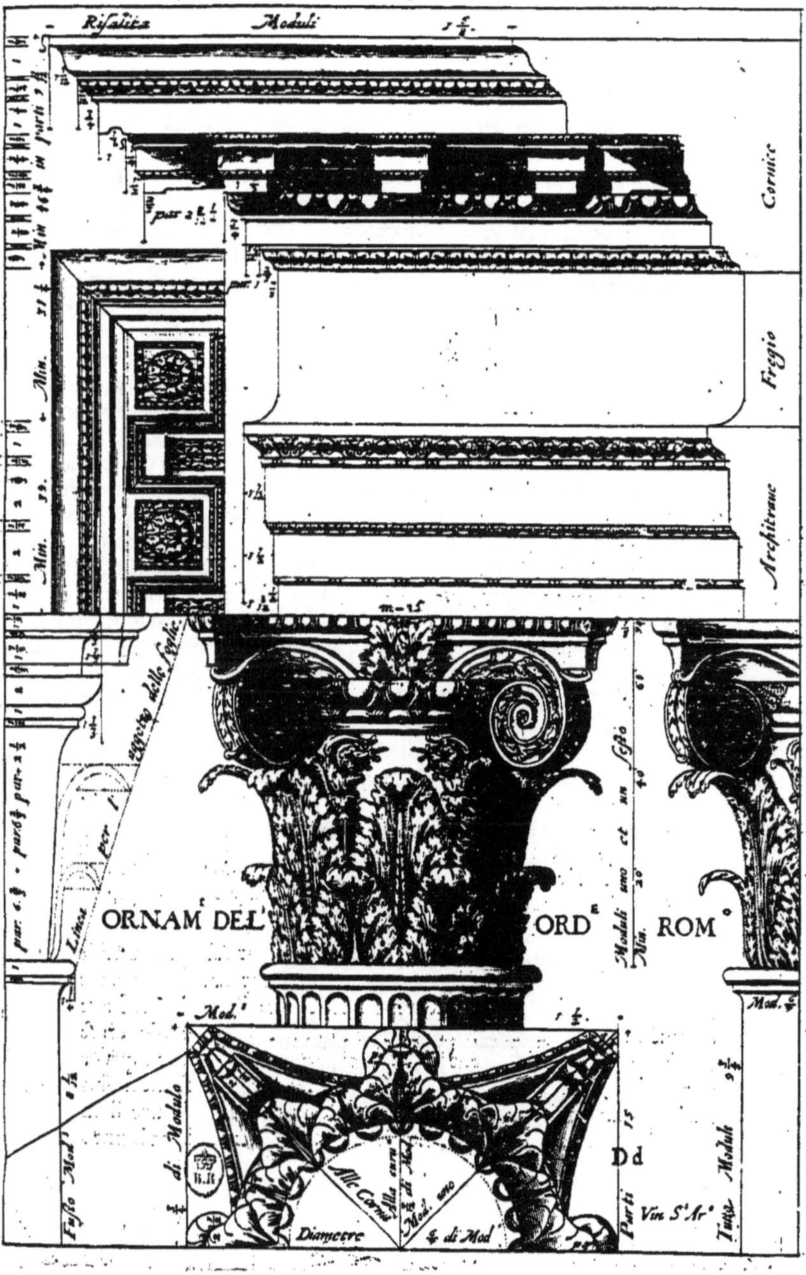

Risalita   Moduli   1 ⅘.

Cornice

Fregio

Architrave

ORNAM DEL'   ORD.^E ROM.^O

Moduli uno et un sesto

Min. 10

Mod.

1 ⅘.

Mod.

Dd

Vin. S.^t Ar.^o

Tutto Moduli 9 ¾

Diametre   ⅓ di Mod

Alle Cornici

CHAPITRE XXVII.

De l'origine des peuples Corinthiens, de leurs Edifices les plus considerables, & des proportions & mesures de leur Ordre.

Vitruve parle assez amplement de l'Ordre Corinthien, que Callimachus Sculpteur Athenien inventa prés la ville de Corinthe, une des plus considerables de la Grece prés de l'Isthme qui joint le Poloponcse à la terre ferme. L'origine des Corinthiens est fort ancienne, & leur nom vient de son Fondateur Corinthe fils de Marathon; elle fut ruinée dans sa plus grande splendeur par Lucius Mummius Consul qui commandoit une armée pour la Republique Romaine; ses dépoüilles enrichirent non seulement la ville de Rome, mais encore beaucoup d'autres d'une infinité de richesses & de raretez que ce peuple si éclairé avoir amassées depuis mille ans qu'elle subsistoir. Dans son incendie l'or & l'argent se mélant avec le cuivre dont cette Ville abondoit, firent un métail fort estimé qu'on nomme encore aujourd'huy cuivre Corinthien, dont on voit quantité de medailles antiques. Entre plusieurs edifices considerables qui ont esté élevez de l'Ordre Corinthien, les plus remarquables sont le Temple de Jupiter Olympien d'Athenes, un autre basty en Cypre dedié à Venus, celuy de Minerve & Elée en Arcadie. Mais à Rome on peut juger combien cet Ordre a esté estimé preferablement aux autres, lorsqu'on admire les restes des Edifices qui en sont ornez, dont le premier & le plus entier est le Pantheon aujourd'huy l'Eglise de sainte Marie de la Rotonde, le Temple de la Paix, celuy du Soleil prés le Tybre, la Basilique d'Antonin, les trois Colonnes qui restent du Temple de Jupiter Tonnant à Campo Vaccino, les deux Ordres d'enhaut du Colizée, l'Arc de Constantin, & tant d'autres non seulement en Italie, mais en Languedoc & en d'autres lieux où les Romains ont eu des colonies.

Nos mesures de cet Ordre sont conformes aux plus beaux morceaux de l'antiquité & le plus universellement approuvez. Les colonnes Corinthiennes doivent avoir dix modules avec la base & le chapiteau, qui est la plus grande hauteur qu'on donne à des colonnes. La base a un demy module, & le chapiteau un module & un sixiéme pour l'abaque; ainsi le fust reste de huit modules & prés d'un troisiéme: leur diminution par le haut est d'un huitiéme de leur diametre inferieur; l'entablement a le cinquiéme de la hauteur de la colonne, qui fait deux modules; il se divise en quinze parties, dont il en faut cinq pour l'Architrave, quatre pour la frise, & six pour la corniche: cette frise est d'un troisiéme moins haute que la corniche; lorsqu'on y voudra tailler de la sculpture il en faut user comme à l'Ionique. Le piedestail a le tiers de la colonne, qui est trois modules & un tiers. Cette hauteur se divise en neuf parties moins un huitiéme ; la partie d'enhaut est pour la corniche, les six parties moins un huitiéme qui suivent sont pour le tronc, les deux autres sont pour la base, dont il faut deux troisiémes de partie pour les moulures, une partie & un troisiéme pour le zocle : la corniche a trois huitiémes de module, le dé deux modules & un cinquiéme, & la corniche un quatriéme de module, le zocle a deux modules ainsi qu'aux autres Ordres.

CHAPITRE XXVIII.

Des Colonnates & Arcs simples, des Colonnates & Arcs avec des piedestaux, & des proportions des portes de l'Ordre Corinthien.

IL se trouve parmi les bastimens antiques beaucoup de Colonnates simples de l'Ordre Corinthien, comme celuy de la Rotonde de huit colonnes de front ; le portique de Nerva de six colonnes, de mesme que celuy d'Antonin & de Faustine ; le portique de Septime Severe avec des pilastres angulaires ce qui est digne d'estre imité, ainsi que celuy du Temple du Soleil, de l'Empereur Aurelien qui en avoit aussi à Naples un autre avec un portique de six colonnes ; & ainsi qu'à Nismes à la maison quarrée qui est de six colonnes aussi, ce que nous avons pratiqué à plusieurs edifices qui ont esté faits pour des Seigneurs de nostre Republique.

Il faut diviser le Colonnate de deux colonnes avec deux pilastres, en neuf parties depuis l'angle d'un pilastre jusqu'à l'autre, ces neuf parties seront autant de modules dont il en faut donner quatre aux diametres des colonnes & des pilastres, deux à l'entrecolonne du milieu, & deux & démy à chacun de ceux des costez ; il faut élever l'ordonnance sur quelques degrez, comme il a esté dit cy-devant. Le Colonnate de six colonnes de front sera large de quatorze modules, & celuy de huit en aura dix-neuf : le grand Colonnate a un modillon dans le milieu, & les espaces sont justes pour les autres, les modillons estant perpendiculaires sur les colonnes ; le reste est comme cy-devant.

Afin que la porte soit proportionnée à l'edifice, il luy faut donner de hauteur quatre parties des sept qui sont depuis le pavement du portique jusques sous le platfonds des modillons, ou quatre parties de six depuis le pavement sous l'Architrave. Cette hauteur doit estre divisée en quinze parties, dont on en donne sept à la largeur de la porte par embas qui sera diminuée de peu par le haut ; ainsi elle aura le double de sa largeur & la hauteur du linteau de plus ; ainsi que l'on voit en plusieurs portes antiques : celle de la Rotonde a de haut un peu plus que le double de sa largeur.

L'entablement de la porte aura le cinquiéme de sa hauteur, & c'est le plus leger ornement des principales portes; il se divise en quinze parties dont l'Architrave en a cinq, la frise quatre, & la corniche six, sans la simaise, qui ne se met que lorsqu'il y a un fronton; de sorte que l'Architrave a une partie des trois de l'entablement, la frise quatre cinquiémes, & la corniche une partie & un cinquiéme : le chambranle de la porte a des orillons; les consoles qui sont aux costez, sont appliquées sur des mortans ou alettes qui vont de haut en bas & qui en augmentent la richesse, les consoles ont la moitié de la hauteur de la corniche, les orillons pendent à mesme hauteur.

Pour le retrecissement de la porte par le haut, il doit estre selon le contour exterieur de la colonne; la porte mobile doit estre ornée de plusieurs paneaux à proportion de la richesse de l'Ordre, nous en avons donné de differens desseins. La hauteur des niches dans les grands Colonnates égale celle de la porte, & elles seront élevées de terre un peu plus haut que la corniche du piedestail, que l'on peut faire regner de la hauteur du tiers de la colonne, pour servir d'appuy à des fenestres.

La Planche qui suit represente le Colonnate simple de l'Ordre Corinthien.

ASPETTO DEL COLONNATO CORINTO

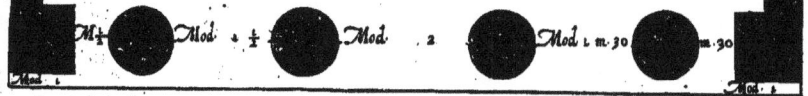

Les deux derniers ordres du Colizée, & le premier de l'Amphitheatre de Pole, sont des exemples des arcades avec les Colonnes Corinthiennes : ainsi aprés avoir elevé l'ordonnance de quelques degrez, il faut
encore sous la colonne un zocle haut d'un demy module : du centre
d'une colonne à un autre centre, il faut donner six modules, & la colonne doit estre engagée dans le mur de telle sorte qu'on voye la fleur
du costé du chapiteau, & la canelure à plomb sous cette fleur avec sa
coste dégagée du mur, afin de donner cette saillie de plus du demi
diametre à l'Architrave qui doit regner entre deux entablemens recoupez.

Les jambages seront larges d'un cinquiéme de module, moins que
la moitié de la largeur de l'Arcade ; leur grosseur sera de la largeur d'un
alette & des trois quarts du diametre de la colonne, & l'autre quart sera
pour le contrepilastre les alettes doivent avoir de largeur un peu plus que
cinq douziémes de module, les Arcades seront larges de quatre modules
& un peu moins qu'un septiéme de module ; ainsi les Arcades auront de
hauteur le double de leur largeur, & deux cinquiémes du simple, & il
restera cinq sixiémes de module pour la clef jusques sous l'Architrave, &
cette quantité est celle de la colonne avec son zocle : les Arcs de plein
ceintre doivent estre surmontez d'un quartiéme de module à cause de
la saillie de l'imposte.

La hauteur depuis le pavement jusques sous l'imposte sera divisée en
treize parties & demy, dont l'Imposte en aura une ; elle doit regner
à l'entour du jambage : le bandeau de l'Arc aura la dixiéme partie de la
largeur de l'Arcade, & cette proportion correspond avec celle des colonnes ; la clef aura la même largeur par le bas, on a de coûtume de
l'orner à cet Ordre. Cette distribution donne les modillons bien espacez, & il y en a un dans le milieu & aux autres Arcades où il n'y aura
point de frontons il est difficile dans les ouvrages delicats, de faire regner
l'entablement sans resaults.

La largeur de la grande porte qui peut estre quarrée, sera d'un cinquiéme moindre que l'Arcade qui est un dixiéme de chaque costé ; elle aura
aussi son bandeau d'Arc de cette largeur ; il faut aussi y monter quelque
degrez pour tirer l'appartement de l'humidité : les portes mobiles, & le
dormant ceintré au dessus de l'Imposte sera fait comme cy-devant.

On peut faire aussi des niches ornées de pilastres & frontons dont
l'Imposte servira d'entablement, & leur hauteur sera du double de leur
largeur, & de deux troisiémes du simple, & elles poseront sur un piedestail continu de la hauteur du quart de la colonne.

La Planche qui suit contient les Arcades simples de l'Ordre Corinthien.

ASPETTO   DE GL' ARCHI   CORINTI

Outre les deuxiéme & troifiéme Ordres du Septizone de Severe qui eftoient Corinthiens avec des piedeftaux, & un Portique de fix colonnes de front dans la ville de Scifi où il y avoit des pilaftres angulaires, Vitruve parle encore des piedeftaux fous les colonnes aux Temples ronds, ce que nous avons pratiqué tant à la Procuratie de S. Marc que pour d'autres particuliers. Ainfi aprés avoir élevé l'Ordonnance de quelque degrez, comme il eft dit cy-deffus, fi elle a quatre colonnes de front, il la faut divifer en onze parties qui feront autant de mod. dont on en prendra quatre pour les diametres, trois pour l'entrecolonne du milieu, & deux pour chaque petit entrecolonne: le colonate de fix colonnes de front aura dix-fept modules, & celuy de huit en aura vingt-trois. Les modillons feront bien efpacez, & il s'en trouvera toûjours un fur le milieu de chaque entrecolonne. Les piedeftaux, colonnes, entablement, & fronton feront comme nous avons dit cy-deffus.

La porte aura de hauteur quatre parties de fept, depuis le pavement jufques fous le plafonds des modillons, & ces quatre parties fe diviferont en quinze, dont on en donnera fept à la longueur du feüil : ainfi elle aura de hauteur le double de fa largeur, & prés d'un feptiéme qui eft la hauteur du linteau : l'entablement au deffus aura trois parties ou un cinquiéme de la hauteur dont l'Architrave aura une partie, la frife quatre cinquiémes de partie, & la Corniche une partie un cinquiéme fans fa fimaife ; fon retreciffement, fes confoles & autres parties, feront faites comme à la porte fimple.

La fermeture de la porte fera divifée en deux parties, à chacune defquelles il y aura trois quadres enfoncez, & au deffus un dormant à l'imitation de la Porte de la Rotonde: les moulures du piedeftail & de l'entablement regneront dans toute l'eftenduë du Portique ; les Niches feront à hauteur du vuide de la Porte, elles poferont un peu au deffus de la Corniche des piedeftaux, & auront un peu plus de deux fois & demy leur largeur : cet Ordre eftant riche pourra recevoir quelques ornemens de Sculpture, comme feftons, bas-reliefs, & autres femblables.

La Planche qui fuit contient le colonate Corinthien avec des piedeftaux.

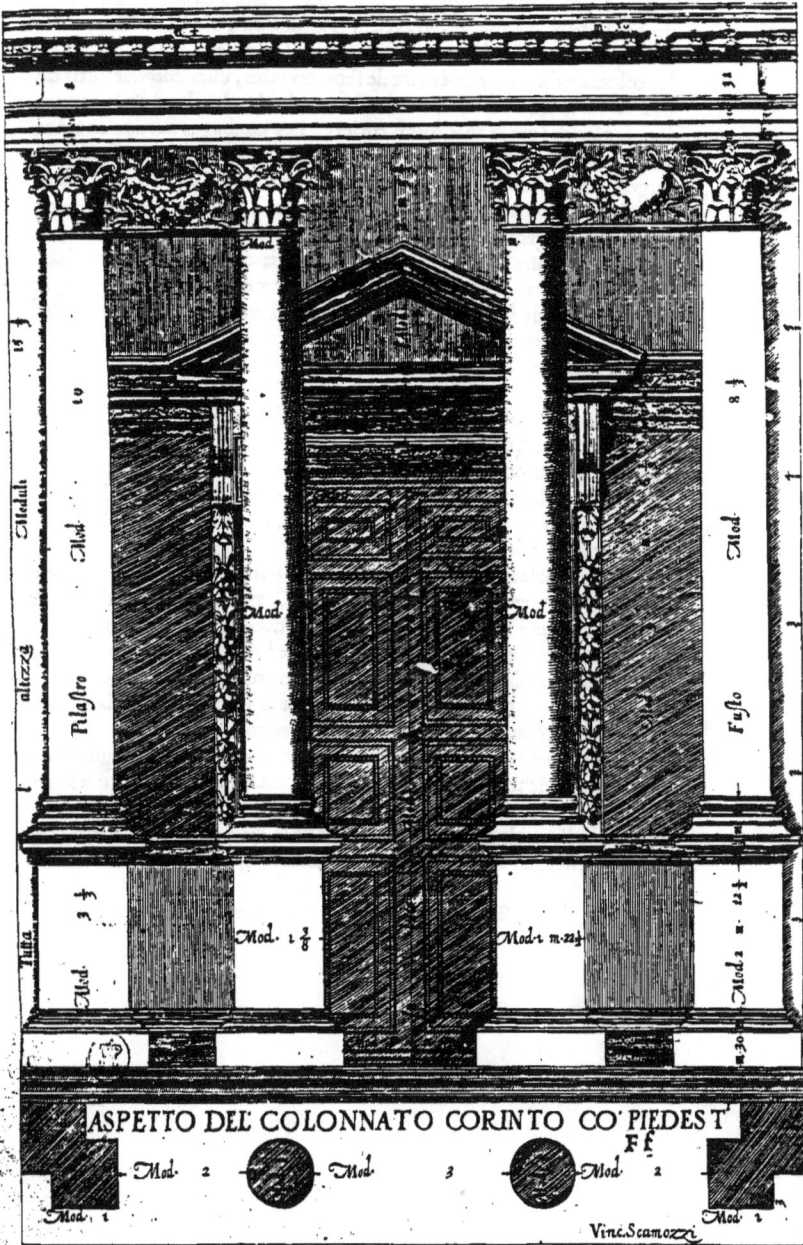

ASPETTO DEL COLONNATO CORINTO CO' PIEDEST

Vinc. Scamozzi

Il y a plusieurs exemples antiques des Arcades Corinthiennes avec des piedestaux comme les Arcs de Triomphe de Pole & de Verronne, ainsi aprés avoir élevé l'ordonnance de quelques degrez, il faut éloigner les colonnes de centre en centre de sept modules, elles doivent sortir du mur de sorte qu'on voye par le costé la rose du chapiteau & la cannelure à plomb sous la rose toute entiere. Les jambages auront de front deux cinquiémes de la largeur de l'Arcade, & leur grosseur sera de la largeur d'un alette & de trois quarts de module, l'autre quart estant pour le contrepilastre au dedans du portique. Les Alettes ont un demy module de largeur, & pour augmenter la richesse de cet Ordre on les fait en Pilastres Corinthiens en y mettant un petit chapiteau, & pour base celle du piedestail. Les Arcades ont de hauteur deux fois leur largeur, & un peu moins de la moitié de cette largeur il reste du dessous de la clef sous l'Architrave un module. L'Arc de plein ceintre est surmonté d'un tiers de module à cause de la saillie de l'Imposte.

La Frise de la Porte & sa Corniche sans Cimaise reglent la hauteur & le profil de l'Imposte ; le bandeau de l'Arc est de dixiéme de l'ouverture, ainsi que la clef qu'on doit orner de Sculpture. Les modillons sont bien espacez comme on le peut voir dans les figures sur le retour des angles : les Alettes se levent en Pilastres jusques sous l'entablement, & le chapiteau est reduit en simple bossage avec une base pareille à celle de la colonne & les moulures du piedestail.

La principale Porte a de hauteur quinze parties de dix-huit qu'il y a depuis le pavement, jusqu'au dessus de la Cimaise de la Corniche, & sept de largeur : ainsi elle a de hauteur le double & un septiéme de sa largeur. L'entablement au dessus de la Porte se divise en trois parties sans la Cimaise de la Corniche, dont on en donne une à l'Architrave, quatre cinquiémes de partie à la Frise, & une partie & un cinquiéme à la Corniche ; le reste comme il est dit à l'Ordre precedent.

Les ornemens de la Porte sans l'Architrave & l'Imposte, regnent en dedans & au dehors du Portique ; & si la porte estoit élevée sur quelques degrez, alors elle approcheroit de quatre parties de sept depuis le pavement sous l'Architrave : pour ce qui est de la fermeture de la Porte, des Niches & des autres parties, elles sont comme cy-devant.

La Planche qui suit contient les Arcades Corinthiennes avec des piedestaux.

CHAPITRE XXIX.

Des proportions & mesures particulieres du piedestail, de la base,
du chapiteau & de l'entablement de l'Ordre Corinthien.

L Aceinture & l'Astragalle du pied de la colonne font partie du fust,
qui est divisé en vingt-quatre cannelures, dont les costez ont le
quart de la largeur de chaque cannelure qui a de profondeur la moitié de sa largeur. La base a un demy module de hauteur, & un module
& trois huitiémes de module de largeur pour les saillies. Sa hauteur se
divise en six parties, & un troisiéme pour huit membres.

Le piedestail a le tiers de la hauteur de la colonne, qui est trois modules
& un troisiéme de haut. Il se divise en neuf parties moins un huitiéme,
dont l'une est pour la corniche, deux autres pour la base, & le reste pour
le tronc ou Dé. La corniche a trois huitiémes de module qui se divisent
en 7. parties & trois huitiémes, pour neuf membres. La saillie de chaque
costé est de trois douziémes & demy module. Le tronc du piedestail
a de hauteur deux modules & deux douziémes, & demy, & de largeur
un module & trois huitiémes: on peut pour l'enrichir refoüiller une table
avec quelques moulures, la base a trois quarts de module de hauteur
dont le quart d'enhaut est pour les moulures : & se divise en quatre
parties & un huitiéme pour six membres. Le zocle a un demy module
de hauteur & de largeur un module & cinq sixiémes. Les Alettes des
Arcades à l'endroit du bas du fust de la colonne ont ⁷⁄ module.

A costé de la base sont les profils des impostes & le bandeau des petits
Arcs : l'Imposte qui devient l'entablement des Niches a de hauteur cinq
neuviémes de module & autant de saillie : cette hauteur se divise en neuf
parties & sept douziémes & demy, pour onze membres ; il a deux fasces
dont la plus petite a les deux troisiémes de la grande. Le bandeau de l'Arc
a cinq douziémes de module, & se divise en neuf parties & un troisiéme
pour six membres, la petite face a la moitié de la grande.

A la droite du piedestail est le profil de l'entablement de la Porte des
grandes Arcades qui estant haut du cinquiéme de la hauteur du vuide de
la Porte, doit avoir un module & deux cinquiémes divisé en quinze parties, dont cinq sont pour l'Architrave, quatre pour la frise & six pour
la corniche ; la corniche a un peu moins que six douziémes & demy de
module, ou neuf quatorziémes ; sa saillie est un peu plus grande que sa
hauteur qui se divise en cinq parties & trois huitiémes pour onze membres. La frise qui est lice a un peu plus que cinq douziémes de module, ou

La planche qui suit represente les profils des piedestaux, Impostes & autres
parties de l'Ordre Corinthien.

deux

BASAMENTI DEL ORDINE CORINTO.

deux troisiémes de la corniche, elle se joint à l'Architrave, par un adouciffement. L'Architrave a huit quinziémes de modules, & se divise en dix parties moins un sixiéme; il a six membres, la petite face a les deux troisiémes de la grande. A cofté eft la grande imposte & le grand bandeau d'Arc. L'Imposte a de hauteur autant que la frise, & la corniche sans simaise & le bandeau d'Arc ont un deuxiéme module : les divisions s'en font comme il a esté dit cy-deffus.

Il faut remarquer que cet Ordre eftant le plus riche & le plus delicat de l'Architecture, ses moulures peuvent estre taillées de plusieurs ornemens sans confusion, observant d'en laisser toûjours une unie entre deux taillées, comme on le peut voir par les figures.

La colonne Corinthienne, comme il est dit cy-devant, diminuë de la huitiéme partie de son diametre inferieur. Les mesures de son chapiteau sont pour la plus grande partie semblables à celles de l'Ordre Romain, c'est pourquoy nous en parlerons succinctement.

L'Abaque est large d'un module & demy, & est quarré; il y a deux modules d'une corne à l'autre diagonalement oppofées, la fasce de la corne est d'un huitiéme de module, la courbure d'un sixiéme, & d'une courbure à l'autre en dedans il y a un module & un sixiéme; il faut tracer deux cercles sur l'abaque dont l'un est égal au diametre superieur de la colonne, & l'autre regne au dedans des cannelures; l'espace qui reste entre ces deux cercles, est celuy qui comprend l'épaisseur des feüilles, dont il y en a huit petites & autant de grandes. La saillie de la courbure des grandes répond à l'aplomb du milieu des roses, & celle des petites répond à la levre du vase qui fait le corps du chapiteau, qui est le fonds de la courbure de l'Abaque. Les feüilles de revers des tigettes ont la même largeur que les cornes de l'Abaque sous lesquelles elles se viennent joindre.

La hauteur du chapiteau Corinthien est semblable à celle du Romain estant d'un module & d'un sixiéme de module; elle se divise en sept parties, dont on en donne deux à la hauteur des premieres feüilles, deux à celle des secondes, la cinquiéme aux caulicoles, la sixiéme aux volutes ou helices & à l'orle du vase : la septiéme à l'Abaque, les grandes volutes viennent se courber sous les cornes de l'Abaque, & les petites sous la levre du vase où la fleur touche. Il faut tirer une ligne depuis le bord de l'Astragalle jusques à l'extremité de la circonference d'un cercle d'un module & trois-quatriémes de diametre qu'on supose estre tracé sur l'abaque, cette ligne determine la saillie des feüilles : car celles qui sont sous les grandes volutes répondent à la perpendiculaire tombée de l'extremité de la circonference de ce grand cercle, & les petites répondent à l'aplomb de la courbure de l'Arc ou de la levre du vase. Le contour du vase ou cloche du chapiteau est tracé agreablement depuis la levre du vase jusques au cercle du fond des cannellures, ce qui se voit par le profil du chapiteau.

Derriere les premieres feüilles, on voit naiftre les canlicoles ou tigeretes d'où partent les volutes, & elles se reviennent courber deffous. Au deffus des grandes feüilles on met des manieres de petits cœurs. On peut tailler l'ove de l'Abaque, parce que nous n'approuvons pas ces chapiteaux antiques où l'Abaque eft orné de rinceaux. Les principales faillies ont le quart de leur hauteur pour leur revers & celles-cy auffi bien que les autres doivent s'étreffir vers le bout pour donner de la legereté. Les feüilles feront d'olivier, au nombre de cinq pour chaque petit bouquet, à l'imitation des doigts de la main, & comme elles font aux plus beaux chapiteaux de l'Antiquité.

Il fe trouve dans l'Antique plufieurs differents entablemens de cet Ordre, dont nous avons tiré celuy-cy: il doit avoir, comme il eft dit cy-devant, le cinquieme de la hauteur de la colonne, qui eft deux modules divifez en quinze parties, dont cinq fe donnent à l'Architrave, quatre à la frife, & fix à la corniche. Le plafond de l'Architrave a fept huitiémes de module de largeur, qui eft le diametre fuperieur de la colonne; il a deux tiers de module de hauteur, qui fe divifent en douze parties & trois quarts pour neuf membres; les trois faces font d'un tiers, l'une plus grande que l'autre. La frife a huit quinziémes de module de hauteur: fi on y tailloit des ornemens, elle auroit alors cinq parties & deux troifiémes, comme il eft dit aux Ordres Ionique & Romain; & ainfi elle auroit un peu plus que trois quatriémes de module: elle fe joint à l'Architrave par un adouciffement.

La corniche à quatre cinquiémes de module de hauteur, & autant de faillie, elle fe divife en fept parties & un quart. Pour quatorze membres. A cofté eft le plan de la corniche, pour faire les reffaults ou avant-corps de l'entablement fur une colonne, l'avant-corps doit avoir à la frife fept huitiémes de module de largeur, & do faillie depuis l'aplomb de devant le pilaftre un module & demy. Les abaques du pilaftre & de la colonne ne fe confondent point, & les modillons font bien diftribuez, & les caiffes des rofes font quarrées. Les modillons doivent eftre ornez de feüilles d'olive. Cet Ordre eftant le plus beau, & le plus riche de l'Architecture, doit eftre orné des meilleurs ornemens de l'Antique.

La Planche qui fuit reprefente les profils du Chapiteau & de l'entablement Corinthien.

Rustica   Moduli

Min.

Mm. 15

ORN DEL   OR   COR

Moduli

Fusto Mod.

Parti

Diametro   di Mod.

CHAPITRE

CHAPITRE XXX.

Des Profils des Ordres en general, de leur meilleure maniere, &
de leurs membres, & de la diminution des Colonnes.

APrés avoir traitté dans les Chapitres precedents des Ordres en
general, il reste de parler de leurs moulures en particulier. Et il est
premierement necessaire de sçavoir qu'en Architecture le mot de Sacome signifie profil, qui est le contour de l'extremité des corps qui composent des parties d'Architecture, & principalement des moulures, comme
qui diroit maniere ou forme donnée à une chose pour la distinguer d'une
autre.

La maniere de traitter les moulures est differente, selon les endroits
où on les employe, & il faut sur tout éviter de les faire d'un dessein sec
& sans grace, comme Vitruve, qui ne s'est pas fort expliqué sur cette
maniere, & que ses Sectateurs comme Alberti & Serlio ont suivi aveu-
glement, & ont plûtôt donné dans le mesquin que dans le grave, comme Vignolle Le Sansonino, & Palladio plus que tous les autres, dont la
maniere a esté grande, parce qu'ils se sont attachez à suivre l'Antique,
plus que les écrits de Vitruve.

Il faut observer que les moulures s'employent tant dans les entablemens des ordres qui ont des profils qui en font la distinction, que dans
d'autres entablemens, où il n'y a point d'ordre ny de proportion determinée ; il est constant en ce cas que le jugement de l'Architecte a plus de
part à la perfection de l'ouvrage, que les preceptes que l'on pourroit
donner ; les occasions & les circonstances differentes estant ce qui en
doit faire la regle. Les moulures se doivent tracer geometriquement
estant composées de lignes de differente nature : mais le principal qui dépend de leur saillie & de leur contour, doit estre determiné par le dessein
de l'Architecte, & suivant l'intention qu'il a de les faire paroître avan-
tageusement, tant dans les dehors, où la lumiere est vague, que dans les
dedans où elle est repanduë par accident : ce qui est d'une grande étude,
& qui ne s'acquiert que par les études qu'on aura faites tant sur les ouvrages antiques que sur les modernes, & par les experiences qui auront in-
struit ceux qui en ont beaucoup tracé.

Les proportions des profils sont ou generales comme d'un Ordre à un
autre, d'une certaine position à une autre telles que sont celles du dedans
au dehors ; de l'éloignement ou de la proximité dont elles doivent estre
veuës ; ou elles sont particulieres par le rapport qu'elles ont l'une à l'autre dans un même corps ; & ces proportions doivent toûjours estre
des imitations de la nature, qui a si judicieusement proportionné les
membres des animaux les plus parfaits à tout leur corps, qu'il en resulte

Hh

une harmonie dont l'imagination est frappée devant que la raison en
puisse porter aucun jugement.

Ces proportions generales sont ou pour les grandes parties de
l'Architecture, ou pour les petites, parce que les sujets les rendent bien
differentes, & alors les moulures sont ou fortes ou delicates, ou en plus
grand ou en moindre nombre, & elles se doivent contourner de diverses manieres, parce que leur forme contribuë beaucoup à donner de
la grandeur ou de la delicatesse aux profils : & ce n'est pas assez d'en faire des esquisses sur le papier, il faut sur l'ouvrage juger de l'effet qu'ils doivent faire, c'est pourquoy ceux qui n'ont veu les antiques que dans les
livres, prennent difficilement le goût de ces originaux, qui sont le plus
souvent mal copiez.

Pour les proportions particulieres, elles consistent à faire que dans une
même corniche il y ait du rapport entre les moulures ; en sorte que deux
ou trois moulures quarrées ou rondes, ne se rencontrent pas de suite,
non plus que plusieurs d'une même hauteur : mais il faut qu'il se fasse un
contraste dans leur distribution par l'opposition tant de leurs figures
curvilignes & angulaires, que par leurs grandeurs differentes. Par exemple, dans une base ce qui en fait la beauté, est que ses differentes moulures dont les unes comme les filets & la plinthe sont quarrées, & les
autres comme les Astragalles, les Tores, & les Scoties, sont rondes,
soient entremeslées. Leur saillie aussi doit estre proportionnée à leur
hauteur, à moins que quelque situation extraordinaire n'oblige à se
dispenser des regles generales.

Quant aux ornemens des moulures, on se doit éviter la confusion,
qui est traittée de richesse par ceux qui n'ont pas l'intelligence des beau-
tez de l'Art, & c'est à ce sujet qu'il faut imiter les anciens, qui ont fait
entrer dans leurs ornemens ou des instrumens de leur religion, ou les
armes de leurs nations, afin de donner aux pierres muëttes la faculté
d'exprimer l'usage pour lequel elles avoient esté employées.

Il faut éviter le plus que l'on peut, de tailler des profils sur des pierres
ou marbres colorez & mélez, parce que les moulures ne se distinguent
pas assez, c'est pourquoy les pierres blanches sont les plus avantageuses
pour l'Architecture, outre que l'Edifice paroît fait d'une seule piece,
lors que les joins sont bien recouverts : mais lors qu'on est obligé de
tailler des profils sur les marbres colorez, comme pour des lambris,
d'appui, des chambranles de portes ou de croisées, il faut alors se servir
de moulures fortes, & éviter les petites parties, parce qu'elles apportent plus de confusion que d'ornement.

Nous avons differé jusqu'à cet endroit à parler de la diminution des
colonnes, que Vitruve appelle augmentation ou renflement, parce
qu'elles imitent ce qui arrive aux corps animez qui portent quelque fardeau. La diminution des colonnes se peut faire en diverses manieres, &
sans parler des autres je feray icy mention de deux moyens differents que

j'ay inventez, dont l'un se fait par la Theorie, & l'autre par la pratique
ils se peuvent employer à tous les Ordres.

La premiere maniere est que sur un endroit fort égal, il faut tracer le
fust de la colonne qu'on veut diminuër, & marquer l'axe ou centre qui
passe par le milieu, ensuite diviser le fust en douze parties égalles, qui
seront autant de lignes tirées quarrement sur l'aplomb de l'axe, & il faut
observer qu'aux colonnes Toscanes il faut que les lignes tirées depuis la
troisiéme partie en embas soient à plomb, ce qui fera que le quart des
douze de tout le fust sera sans diminution : pour les Ioniques, celles qui
sont tirées depuis les trois & demi, seront aussi à plomb & paralleles. A
l'égard des Corinthiennes ces paralleles seront tirées depuis les quatre
parties : dans les colonnes Doriques & dans les Romaines ces lignes seront
moyennes proportionnelles entre celles des autres ordres. Or au dessus
des lignes paralleles & sur la ligne qui croise l'axe, il faut tracer un demy
cercle en haut de la grosseur du fust, ce qui restera en enhaut sera pour la
diminution.

Pour parvenir à cette diminution il faut marquer au diametre superieur du fust par des points, la quantité dont on la veut diminuër de
chaque costé, & de ces points tirer deux perpendiculaires paralleles à
l'axe, & de ces points où chaque ligne touchera le demi cercle, il faut
diviser en neuf parties le reste du demi cercle jusques sur son demi diametre, & où les lignes tirées paralleles au demi diametre toucheront la
circonference du demi cercle, on prendra la longueur de ces lignes, pour
les porter aux neuf lignes qui divisent les trois quatriémes du diametre en
enhaut, & ensuite ayant attaché des clous à ces points on courbera la
regle selon ce contour, & c'est ainsi que se fera la diminution des colonnes Toscannes.

La seconde maniere est qu'ayant operé, comme cy-dessus, aprés
avoir marqué la diminution au diametre superieur du fust, il faut encore rapporter ce diametre au demi cercle d'embas, & où il le touchera
de deux points, diviser chaque portion restante du cercle en embas en
quatre parties égalles de chaque costé, & tirer huit demi diametres, lesquels seront reportez aux lignes de la division des huit parties de deux
une, ce qui fera quatre triangles, dont les bases ainsi que les angles seront
inegaux, comme on le peut voir à la figure de la diminution de la colonne Corinthienne, & aprés à ces points donnez il faut apposer une regle
courbe & tracer le contour, comme il a esté dit.

Or de ces deux manieres differentes on en peut tirer une mecanique,
pour tailler la pierre ou le marbre il faut prendre une regle de bois bien
sec, & couper sur sa largeur le contour & la diminution de la colonne,
d'aprés celuy qui aura esté tracé avec la regle mince, & attacher cette regle par deux morceaux de bois & deux pointes au centre du haut & du
bas de la colonne, en sorte qu'on soit assuré de ne point gâter quelque
matiere que ce soit, comme on le voit à la figure qui suit cy-aprés.

Vinc.' Scam.' Arch.'

DIM. DELLA COLONNA   IONICA

COLONA   TOS.   COLOÑA   CORINTA

CHAPITRE XXXI.

Des parties des Ordres, des proportions & figures de leurs mem-
bres, de leurs saillies, & des ornemens qui leur conviennent.

ENtre les membres qui composent les parties de l'Architecture, il
y en a qui ont plus de hauteur que de saillie, comme les bases
les chapiteaux, les Impostes, & les Architraves; d'autres ont leur saillie
égalle à leur hauteur comme les corniches, & enfin il y en a qui ont plus
de saillie que de hauteur, comme les larmiers: & toutes ces differentes
parties excedent le dehors du solide de l'Edifice; mais il faut observer
qu'aux Ordres massifs, la saillie ne doit pas estre si considerable qu'aux
delicats. De ces membres il y en a qui sont propres à de certaines parties, comme les Tores & Scories aux bases, les fasces aux Architraves,
les larmiers & denticules aux corniches: il y en a d'autres qui sont com-
muns à toutes les parties, comme les filets & les Astragalles.

Tous ces membres se doivent tracer geometriquement & non pas à
la main & par hazard, comme font la plûpart de ceux qui se fient sur
leur pratique, & dessignent l'Architecture comme les Peintres, avec
cette facilité où l'exactitude ny compas necessaire. Pour cela il se faut servir
du compas & de l'esquerre, parce que sans ces instrumens on ne peut
faire aucune operation juste, & on a sceu jamais seur si les profils sont à
plomb ou de niveau, & même c'est un abus des Modernes d'incliner les
saillies en dedans; ou en dehors, au delà de leur à-plomb, parce qu'il
n'y a point de regle seure de cet usage, & le plus court chemin est de
suivre la maniere la plus naturelle, parce que ces finesses de l'Art sont
ordinairement des deffauts.

Quant aux ornemens, il y a des parties qui les portent avec elles,
comme les chapiteaux & les modillons, & d'autres qui n'en peuvent recevoir à propos, comme les filets, les larmiers & les plinches, quoiqu'il
s'en trouve d'ornez parmy les antiques. Les ornemens doivent estre proportionnez aux genres de l'Edifice & à la dépense qu'on veut faire, & il y
faut imiter le plus qu'il se peut la nature, sans en inventer par caprice,
parce que les fruits, les fleurs & les animaux paroissent plus vray-sem-
blables, que ces figures qui ne sont que des imitations defectueuses des
choses parfaites. Pour éviter la confusion, il faut que les ornemens soient
interrompus, de sorte qu'entre deux moulures ornées, il y en ait une lice;
& pour donner de la varieté, lors qu'il se rencontre deux moulures de
mesme profil, il les faut orner differemment, & en cela imiter les antiques dont nous avons retenu les plus beaux ornemens. Quant au relief,
il depend de la grandeur des moulures ou de l'éloignement dont elles
doivent estre veuës: mais surtout les ornemens doivent estre travaillez

I i

en sorte qu'il n'y a rien de negligé, que les fonds soient bien nettoyez, les parties bien terminées, sans tomber dans la manière seiche, qui fait connoître la difference qu'il y a d'un ouvrier propre & sans dessein, d'avec celuy qui est artiste & bon dessignateur.

CHAPITRE XXXII.

*De la maniere de tracer par Theorie les parties de l'Ordre Corin-
thien , comme la base & la Corniche de son Piedestail,
& la base de sa Colonne.*

POUr donner la perfection à cet Ouvrage, & faire voir le rapport
que les petites parties ont avec les plus grandes, & montrer qu'on
peut tracer avec le compas & l'esquiere les panneaux des profils, j'ay
exposé pour exemple le profil le plus riche des moulures , qui est le
Corinthien.

La base Corinthienne est haute d'un demi module , elle se divise en
six parties & un troisiéme, qui s'employent pour huit membres. Le Tore
superieur a une partie, l'Astragalle au dessous un troisiéme de partie, le
Listel un sixiéme, la Scotie trois quatriémes de partie, le Listel inferieur
un sixiéme, l'Astragale inferieur cinq douziémes, le Tore inferieur une
partie & demie, & la Plinthe deux parties. Tous ces membres ont relation au Tore superieur, & sont encore proportionnez entre eux, parce
que la Plinthe a deux parties & le Tore d'au dessus une & demie, la Scotie a trois quatriémes du Tore superieur, où la moitié de l'inferieur, &
ainsi du reste. Le fust de la colonne outre sa ceinture, a par bas un astragale qui est haut de la moitié du Tore superieur, & la ceinture d'un quart
de partie.

Il y a cinq saillies principales dont les autres dependent ; la ceinture
& la Scotie saillent trois parties hors le pied du fust de la colonne , le
listel superieur de la Scotie saille d'un quart, & l'inferieur de trois huitiémes, l'astragale inferieur d'un quatriéme, & le Tore inferieur de trois
quatriémes, & toutes ces saillies sont deux parties & trois huitiémes du
Tore superieur ou trois huitiémes de module, comme nous avons dit ;
la plinthe s'unit avec la corniche du piedestail par une portion de cercle.

Les autres membres ont leurs saillies proportionnées à ceux de dessus,
parce que l'astragale du fust a un peu plus d'un quatriéme de partie de
saillie que la ceinture, le Tore superieur & l'astragale de dessous, ont
leurs centres dans une ligne à plomb de la saillie de l'astragale du pied du
fust, l'astragale inferieur saille un quatriéme plus que le listel inferieur,
& marque le centre du Tore inferieur qui saille de trois quatriémes d'
parties. Le congé & la Scotie rentrent en dedans , l'un se trace par deux
portions de cercle, & l'autre par une.

La corniche du piedestail a trois huitiémes de module de hauteur, &
se divise en sept parties & trois huitiémes, l'orle ou filet a deux troisiémes de parties , la cimaise une partie qui regle les autres, l'astragale
deux cinquiémes, le larmier une partie & trois huitiémes, le listel

un troifiéme de partie, l'ove une partie & demie, l'aftragale une demy
partie, le filet en troifiéme, le talon une partie & un quatriéme, ce qui
fait les fept parties & trois huitiémes aufquelles on ajoûte le filet du Dé
du piedeftail, qui a trois huitiémes de partie de hauteur, qui eft égalle à
fa faillie, le talon & fon filet a une partie & demie de faillie, l'ove & fon
aftragale une partie, le plafonds du larmier a une partie & trois huitiémes, le larmier un troifiéme de partie, & toute la cimaife une partie,
ce qui fait en tout cinq parties & deux troifiémes.

La bafe du piedeftail a un quatriéme de module de hauteur, elle fe
divife en quatre parties & un huitiéme, qui fe diftribuent pour fix
membres, le Tore inferieur fur le zocle a une partie de haut qui regle
les autres, le liftel a un quatriéme de partie, la doucine une partie
& demy, le liftel un quatriéme de partie, la fcotie fept huitiémes, le
liftel fuperieur un quatriéme, ce qui fait les quatre parties & un huitiéme, au deffus defquels membres eft le Tore fuperieur haut de trois
quatriémes de partie, & le filet d'un tiers de partie, & ces deux membres
appartiennent au tronc du piedeftail. Pour les faillies, le filet de la Scotie faille au delà du nu du piedeftail de deux troifiémes de parties, le
liftel fous le Tondin d'un quart de partie, le Tondin ou Tore fuperieur
peu moins de cinq douziémes, la doucine deux parties, le Tore inferieur fept douziémes de parties, & tombe à plomb fur le zocle, qui a de
hauteur un demy module.

*La Planche qui fuit contient le deffein de la bafe de la colonne, & de la
bafe & de la corniche du piedeftail, avec leurs hauteurs & faillies.*

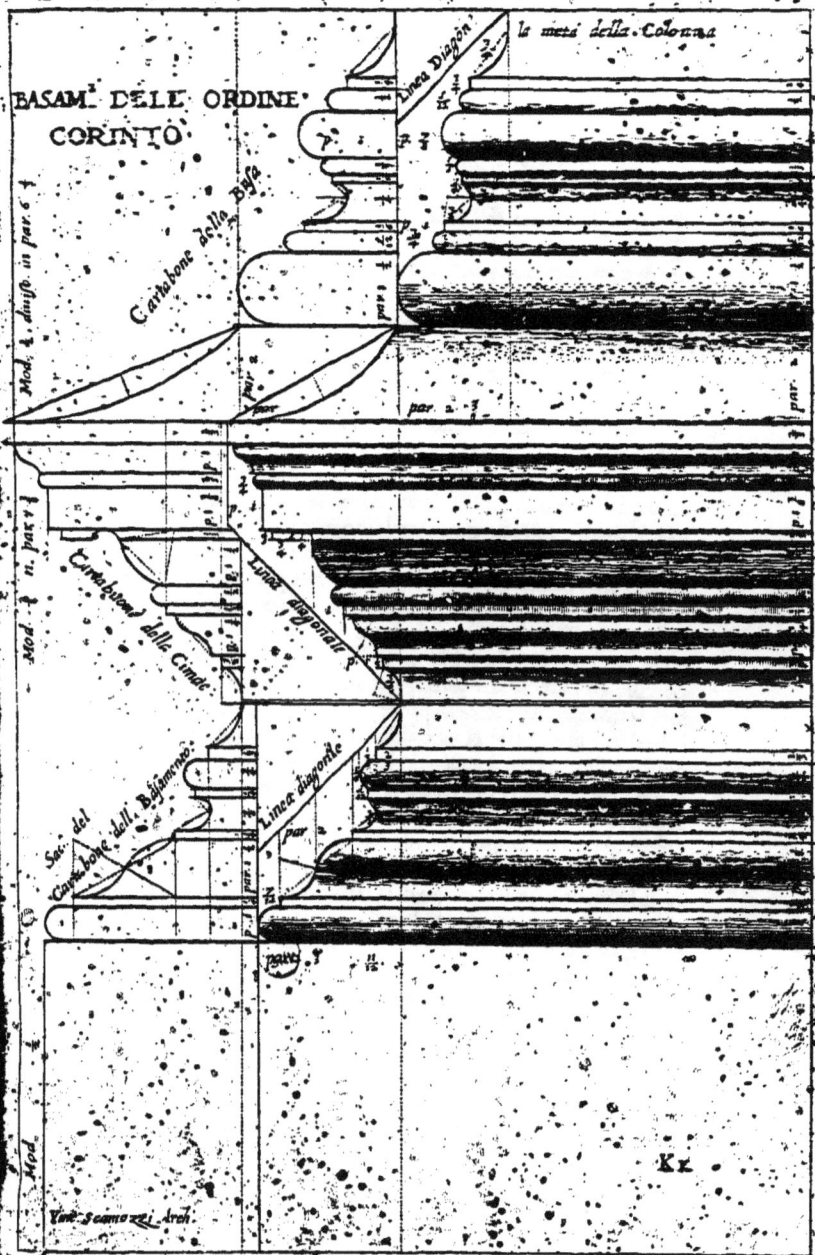

BASAM.^ DELL'ORDINE·
CORINTO

la metà della Colonna

Linea Diagon

Cartabone della Basa

Mod. 4. divifo. in par. 4

par.

Mod. 4. n. par. 4

Linea diagonale

Cartabone delle Cimale

Sot. del
Cartabone dell'Bĳamento

Linea diagonale

par.

par.

Vinc. Scamozzi Arch.

CHAPITRE XXXIII.

De la maniere de tracer par Theorie les membres de l'Architrave,
frise, & corniche de l'Ordre Corinthien.

IL reste à traitter de l'entablement Corinthien, dont l'Architrave a
deux troisièmes de module de hauteur, qui se divisent en douze parties & trois huitièmes pour neuf membres ; l'orle ou filet a cinq huitiémes de partie, le cavet ou cimaise une partie qui regle les autres, le
talon sous la cimaise sept huitièmes, l'astragalle cinq douziémes, la
grande face trois parties & cinq huitièmes, le talon au dessous deux
troisièmes, la moyenne face deux parties & deux troisièmes, l'Astragale une deuxième de partie, & la petite face deux parties, & ainsi les
trois faces sont d'un tiers l'une plus grande que l'autre.

Le cavet & le talon de la cimaise ont chacun de saillie les deux troisièmes de leur hauteur, & tous deux avec l'astragale, ont une partie
& cinq huitièmes de saillie, le talon sous la grande face a deux troisiémes de partie, & l'astragale sous la moyenne un quatrième; ainsi tout
l'Architrave a deux parties & cinq huitièmes de saillie. La frise a de
hauteur huit quinzièmes de module, & s'unir par un adoucissement avec
l'Architrave: la Corniche a quatre cinquièmes de module de hauteur, &
autant de saillie ; sa hauteur se divise en sept parties & un quatrième
pour quatorze membres, l'orle ou filet a un troisième de partie, la
doucine ou cimaise une partie, qui regle les autres, le filet un sixiéme, le talon un deuxième de partie, l'astragale un cinquième de partie ;
le larmier a une partie & un huitième, le listel un cinquième : le talon
des modillons a cinq douziémes, les modillons une partie un quatrième,
le listel un sixième, l'ove trois quatriémes de partie, l'astragalle un quatriéme, le filet un sixième, & le talon deux troisièmes de partie, & tous
ces membres ont rapport les uns aux autres.

La saillie se fait par huit lignes à plomb, érigées du devant de la frise
en dehors, la premiere est pour la saillie du talon d'embas & pour son
filet, elle a huit douziémes & demy de partie, la demy partie estant pour
l'astragale, l'ove avec filet au dessus ont sept douziémes de partie : la troisiéme ligne est pour la saillie des modillons, laquelle est de deux parties
& un huitième; la quatrième qui est pour le talon a cinq douziémes & demy de module ; la cinquième qui est pour le renfoncement sous le larmier, a une partie ; la sixième qui est pour l'espace qui est depuis le renfoncement jusques au devant du larmier a deux troisièmes de partie ; la
septième qui est pour l'astragale, le talon & filet, sept douziémes, & la
huitième qui est pour la saillie de la cimaise a une partie & un douziéme.

La hauteur des modillons se divise en deux parties égalles, dont une est pour les petites volutes, le contour de ces volutes se fait par huit centres, à peu près comme dans les chapiteaux Ioniques. Et le contour du modillon qui unit les volutes, se fait par deux triangles, comme ils sont à la figure.

Toutes les gorges & talons se tracent par des triangles, dont les bases sont plus étroites ou plus larges selon la saillie, plus grande ou plus petite qu'on leur veut donner. Les oves par une perpendiculaire qui tombe sur l'angle opposé à la base donnée d'un triangle équilateral, & qui la divise en deux également : les astragales ont toujours leurs centres au dehors, & par conséquent plus de saillie que leur demi cercle.

Pour faire la reduction du grand au petit, ou du petit au grand des profils qu'on aura disposez, il faut plûtost se servir de l'Echelle que de la maniere de craticuler des Peintres, parce que ce moyen n'est pas si juste que l'autre pour l'Architecture.

CHAPITRE XXXIV.

Des plafonds & voutes des Escaliers, de leurs proportions & ornemens, des mesures des portes & fenestres, & de leurs ornemens.

APrés avoir parlé des Ordres de l'Architecture, il semble fort à propos de dire quelque chose des plafonds & lambris, qui sont des parties si essentielles dans le corps d'un Edifice, qu'elles contribuent notablement à la decoration du dedans, lors qu'elles sont traitées avec jugement. Comme la plûpart des plafonds chez les Anciens estoient de bois, il n'en reste point de vestiges, & l'on n'en peut juger que par les écrits de Vitruve & des autres Auteurs qui ont fait la description des Edifices de l'Antiquité, par lesquelles nous avons apris qu'ils étoient ordinairement de bois precieux & d'ouvrage de marqueterie fort riche, par la diversité des bois de couleurs, de l'yvoire, & des nacres de perle, & par les compartimens qui les composoient. Il y en avoit qui estoient ornez de lames de bronze, ou faits tous entiers de cette matiere, tel qu'estoit le plafond du portique du Pantheon qui n'y est plus.

Ces sortes de plafonds conviennent fort aux loges, sallons & grandes pieces, où la hauteur du plancher donne assez d'éloignement pour les voir d'une distance raisonnable, parce que dans les petites pieces dependantes des grandes, il y faut le moins de relief qu'il se peut. Il y faut observer les proportions qui consistent dans la division des compartimens, dont les quadres doivent repondre aux vuides des murs, comme aux fenêtres & portes, ce que les poutres reglent assez facilement. Or dans les grandes pieces il faut de grandes parties, & particulierement une qui marque le milieu & qui soit differente des autres par sa figure, par exemple elle doit estre ronde ou octogone pour les pieces quarrées, & ovale pour les longues. Les Renfoncemens peuvent estre ornez de rosons tombant en pendentis, qui ne doivent pas exceder l'arasement des poutres principales.

Les corniches ou entablemens doivent estre tellement proportionnés que leur profil qui est ordinairement fort riche ait la mesme hauteur que si l'Ordre estoit au dessous, au cas qu'il n'y fust pas, parce qu'on est seur que la corniche ne sera ny trop puissante ny trop foible, lors qu'elle sera élevée à la hauteur de l'Ordre qu'elle doit couronner. Les frises peuvent recevoir de grands ornemens en cet endroit, pourveu qu'ils soient convenables aux lieux & aux personnes, ce que j'ay pratiqué fort à propos dans les salles de la Procuratie de S. Marc, où j'ay mis les Portraits & les armes des Personnes Illustres, comme ceux des Seigneurs Contarini & Mocenighi, qui ont rendu service à la Republique.

Outre les plafonds des Appartemens, il y a encore ceux des portiques, tel qu'est celuy de l'Arc des Catheccumenes, & comme il y en avoit au Septizone de Severe & à plusieurs autres édifices. Les Anciens estoient curieux dans leurs grottes & salles de bains de les orner d'ouvrages de mosaïque, de nacre de perle, & autres pierres rares, & d'y mesler des grotesques qui sont des figures chimeriques, dont il reste encore quelques peintures Antiques, & dont l'usage a esté renouvellé le siecle passé.

Pour les voutes il en reste de beaux fragmens dans les Edifices antiques, telles que sont celles du Pantheon, du Temple de la Paix, & des deux petits Temples derriere sainte Françoise, celles des Thermes de Titus, d'Antonin, de Diocletien & de plusieurs autres, où on remarque encore qu'il y avoit des ornemens de bronze attachez. Leur proportion doit repondre à la capacité du lieu qu'elles couvrent : elles sont ou surbaissées ou de plein ceintre, & les compartimens s'en doivent faire plutost renfoncez que saillans, parce que tout ce qui excede les bandeaux des Arcs, rend la voute pesante & desagreable à voir.

Il faut que la hauteur des voutes soit proportionnée au lieu avec peu d'ornemens, mais toûjours de grande maniere; parce qu'il faut aux grandes pieces de grands compartimens, & de petits aux petites. Les corniches doivent aussi avoir peu de saillie parce qu'elles cachent trop les voutes, & ce retranchement de saillie se doit prendre sur chaque moulure en particulier : mais il faut éviter dans les ornemens la confusion, & tâcher que le mélange de la Peinture & de la Sculpture soit à propos, faisant en sorte que d'un coup d'œil l'esprit reste surpris de la belle composition : or cet enchantement vient de la belle proportion qu'un ornement a avec un autre, qui fait que le fort ne detruit point le plus foible. Pour ce qui est des couleurs qui doivent orner les quadres, le blanc avec quelque filets d'or ou de bronze, est le plus convenable, avec des histoires dans les panneaux.

Or afin de regler la proportion que doivent avoir les entablemens

qui

qui portent les plafonds, s'il n'y a qu'un Architrave où Imposte, il faut qu'elle ait la seiziéme partie de la hauteur depuis le plancher jusques sous le plafonds, mais si le lieu permet d'y mettre une corniche, soit avec des modillons ou sans cet ornement, il faut qu'elle ait alors la treiziéme partie & demy de cette hauteur, à laquelle si l'on adjoûte une frise, il faut donner une partie des huit & demy qui sont données aux entablemens de dessus les portes, sous les colonnates des Ordres, & cette corniche sera Architravée en mettant deux fasces à la frise : enfin si l'entablement tout entier n'y peut-estre mis, elle aura la sixiéme partie depuis le plancher, jusques sous le plafonds, comme s'il y avoit un Ordre au dessous.

Pour ne pas obmettre de parler des Escaliers qui sont aussi necessaires dans les Edifices que les veines dans le corps humain, ils doivent estre fort amples, particulierement dans les bastimens publics, comme ceux du College & de la Bibliotheque de Saint Marc de Venise, & de quelques autres Palais de la mesme Ville, & de celle de Gennes. Il faut observer que les paliers se presentent directement aux bouts des rampes & soient quarrez : les degrez doivent avoir une largeur & hauteur raisonnable & peuvent avoir quelques moulures au devant pour en augmenter les girons, comme ceux du Palais des Strozzi à Florence.

Les ornemens tant des voutes sur les rampes, que des plafonds sur les paliers doivent estre magnifiques, parce que ce lieu estant le plus frequenté est le plus admiré, s'il est le plus beau du Palais : on en peut orner les entrées & les repos où paliers de colonnes ou pilastres, entre lesquels seront les croisées, le plus qu'il se peut vis-à-vis les rampes, & les entablemens qui seront sur les colonnes regneront aussi sous les voutes des rampes, afin de rendre l'escalier uniforme depuis le commencement jusques où il doit monter, & pour rendre ces escaliers faciles à monter à ceux que l'âge a rendus foibles, il faut mettre des appuis tant au dedans le long des murs qu'au dehors des escaliers, & ces appuis seront des piedestaux continus avec des balustres. Mais de tous les escaliers que nous avons veus soit à Gennes, soit en France, soit en Allemagne, il n'y en a point de si clairs & de si amples que ceux qui ont esté faits pour la Republique à Venise.

Quoique nous ayons parlé cy-dessus des portes en general, il est bon de dire quelque chose des portes des appartemens. Les moindres portes chez les particuliers, ne doivent jamais avoir moins de trois pieds, afin que deux personnes y puissent passer de front : dans les Palais ou Edifices publics, elles ne doivent point estre plus larges que cinq ou six pieds au plus, sur la hauteur du double de leur largeur au moins ; parce qu'il faut encore y ajoûter la hauteur du linteau de plus, s'il y a un Ordre delicat. Quoique les fenêtres soient determinées par la decoration de la façade exterieure, elles doivent neanmoins avoir relation avec les portes du dedans.

L I

Pour les ornemens qui couronnent les portes & les feneſtres , ils ſe
doivent toûjours diviſer en quinze parties dont on donne cinq à l'Architrave ou linteau , quatre à la friſe , & ſix à la corniche : le chambranle
ne doit jamais avoir plus de deux faſces avec ſes moulures ; on peut
auſſi mettre des conſoles , avec de la ſculpture pour porter les corniches , & ces conſoles portent ſur de petits montans aux coſtez du
chambranle , comme nous les avons fait faire au Palais de la Procuratie de Saint Marc.

La Planche qui ſuit repreſente le deſſein des ornemens des portes & fenêtres
de l'Ordre Corinthien avec leurs meſures.

ORAMENTI DELLE FORTE, E FENESTRE.

CORINTE.

Parti della Foglia. Voluta e Svolta. Architrane. Fregio. Parti della Cornice.

Vinc. Scam. Arch.

CHAPITRE XXXV.

Des Cheminées, des Niches & des Tabernacles; de leurs ornemens
& parties accessoires, & des matieres propres pour ces
sortes d'ouvrages.

LA necessité du feu dans les païs froids, a esté cause de l'invention des cheminées, & mesme il en faut dans les contrées temperées, comme l'Italie & la France; il faut faire en sorte qu'elles soient
toûjours au milieu d'un des costez des pieces de l'appartement, & tellement exposées, que le vent des portes ou des fenêtres ne puisse alterer
la chaleur du feu & chasser la fumée au dedans.

Il y a de trois sortes de cheminées, dont la premiere est à la maniere
de Lombardie; elle a un manteau ou pavillon, & se met ordinairement
dans les chambres de dessus, quand les murs ne sont pas fort gros,
& qu'il n'y passe point deux tuyaux du dessous & du dessus : on les
peut orner de colonnes, de Termes & d'autres ornemens. La seconde
maniere est à la Françoise, lorsque les tuyaux portent de fonds au devant les uns des autres sans estre engagez dans les murs; & la troisiéme est à la demi Françoise, c'est à dire, qu'il y en a une partie a demi prise dans le mur, & le reste au dehors. De cette maniere nous en
avons inventé à Venise qu'on nomme à la Scamozziane, qui ont des
chambranles, & dont l'ornement du dessus est la troisiéme partie de la
hauteur du vuide, elles sont ornées par les costez, comme par le devant avec des consolles, parce qu'il n'y a point de manteau au dessus de
l'entablement. Ces deux dernieres sortes de cheminées sont les moins
embarrassantes dans les chambres; & conviennent fort aux lieux où les
murs sont épais, comme les cheminées à la Lombarde viennent à propos
pour les chambres d'enhaut, & ce d'autant mieux lorsque les tuyaux du
dessous viennent se joindre ensemble, & font souvent une mesme sou-
che jusques hors le comble.

Le vuide de la cheminée doit estre tellement proportionné qu'à celles
des sallons & grandes pieces, il doit estre plus haut que la teste d'un
homme bien proportionné, & jamais plus bas que le dessus de ses épaules : pour les petites chambres il suffit que le linteau du vuide vienne à
l'estomach, leur largeur doit estre du tiers ou du quart pour leur hauteur. Il ne faut pas qu'elles soient fort profondes, parce qu'elles retien-
nent la chaleur au dedans; & lors qu'elles ne le sont pas assez elles rejet-
tent trop la chaleur au dehors; & fument ordinairement; la proportion
de cette profondeur est du quart où du tiers de la hauteur du vuide.

La Planche qui suit represente le dessein des cheminées à la Romaine & à la
Venitienne.

On

PROFIL.   ASPETTO DELLA NAPPA ALLA ROMANA.   PROFIL.

ASPETTO DELLA NAPA ALLA VENETIANA   Vinc. Scam.

On peut orner les cheminées à l'Italienne ou à pavillon, ainsi que les Françoises, de Statuës, de Termes ou de Colonnes, avec des entablemens, consolles & cartouches; la proportion de ces entablemens est qu'ils ne doivent jamais estre plus hauts que d'un tiers du vuide, ny plus bas que des deux cinquièmes. Il ne faut point mettre d'ornemens rustiques dans ces sortes d'ouvrages, tout y doit estre tres-finy, parce qu'ils sont fort exposés à la veuë, & font un grand ornement à la chambre. Au dessus de l'entablement, le manteau doit terminer par un amortissement agréable orné de quelque figure ronde ou ovale, avec des enfans, festons & mascarons. De cette maniere, nous en avons fait une superbe dans l'avant-College de la Republique à Venise, qui coûte plus de mil écus.

La Planche qui suit represente le dessein du manteau de cheminée avec amortissement bien orné.

Les Niches ont esté fort en usage chez les Anciens, comme il en reste
des vestiges dans les Temples, les Thermes, les Scenes des Theatres,
les Amphitheatres, les Cirques, & les Arcs de Triomphe : il y en avoir
aussi dans quelques lieux des maisons des particuliers, comme dans les
vestibules, les cabinets, & les salles pour conferer : ainsi il est fort à propos d'en orner les salles, les loges & les escaliers. Les Niches doivent le
plus qu'il se peut estre vis-à-vis un vuide ou croisée, soit qu'il y ait des
statuës où qu'il n'y en ait point, car alors elles servent pour se reposer s'il
y a un siege de marbre ou de pierre.

Il y a de deux sortes de Niches, dont la premiere espece est les grandes qui tombent jusques sur le pavement, comme celles de la Rotonde
sous son portique, & celles des Thermes Antonianes, où a esté trouvé
le grand groupe du Taureau de Farnese, qui contient la fable de Dircé : il
y en a encore aux Thermes de Titus où estoit le groupe de Laocoon. Ces
sortes de niches conviennent à de grands lieux : mais celles qui sont
d'une grandeur ordinaire ne peuvent avoir qu'une figure, leur proportion doit estre telle que la hauteur soit d'un peu moins que de deux fois
& demi de leur largeur pour les Ordres massifs, & d'un peu plus que de
cette hauteur, pour les Ordres plus delicats : leur plan a un peu plus ou
un peu moins que le demi cercle, ou luy est égal.

Outre les Niches, il y a encore des Tabernacles qui sont ronds par
leur plan & par le haut, ou quarrés en renfoncemens, comme ceux
du dedans du Pantheon, & dans les Thermes d'Antonin & de Diocletien, avec des colonnes ou pilastres aux costez.

Les Niches qui sont entre les colonnes sans piedestaux, doivent avoir de
largeur un diametre & demi de la colonne, & lorsque les colonnes ont des
piedestaux, un diametre & trois quarts. Comme il faut que les statuës
soient proportionnées aux niches, elles doivent estre de telle maniere
que le bas du col où la hauteur des épaules ne passe pas le dessus de l'Imposte, & cet imposte doit avoir une partie de huit & demi, qui doit diviser la hauteur depuis le bas de la niche jusques où le cintre commence,
& cette proportion est pareille à la hauteur d'une frise & corniche
mise en cet endroit, elle ne doit aussi estre moindre d'une treizième
partie & demie de cette hauteur, qui seroit celle d'une corniche seule :
les bandeaux d'Arcs ou Archivoltes des niches ne doivent point estre
plus larges que la sixième partie de l'ouverture, ny plus étroites que
la huitième ; si ce n'est aux grandes Niches, où elles n'auront que
la dixième. Il se voir de toutes ces sortes de Niches dans le lieu où sont
les statuës publiques à Venise, devant le Palais saint Marc.

Aprés avoir parlé de ce qui concerne les portes & les fenestres, il reste
à dire quelque chose des orillons ou crocettes, qu'on met à costé des
chambranles, & ensuite des consoles & des frontons, qui sont des ornemens qui augmentent notablement la beauté des portes, des croisées
& des cheminées. Les crocettes ont esté imitées de ce qu'originairement

&

& lors qu'on bâtiſſoit de bois , le linteau pour bien poſer ſur les montans de la porte , excedoit en longueur la largeur des pieces de bois dont
on a figuré le chambranle : il n'en faut point faire lorſque le chambranle
n'a qu'une face , & pour leur donner une belle proportion , elles doivent
ſaillir au delà du chambranle de la largeur de la premiere face , & avoir
de hauteur celle du linteau du chambranle , excepté cette premiere face ,
comme aux feneſtres du dedans du Temple de la Sybille à Tyvoli , ſans
quoy elles ſont imaginaires & ſans raiſon.

Les conſoles pendent du deſſous de la mouchette ou larmier ou du
deſſous de la corniche : on en voit à un Temple d'Ordre Ionique prés
le Tybre , à une porte d'un Temple Antique à Spolette , & à la maiſon
quarrée de Niſmes en Provence. Vitruve dit qu'elles conviennent aux
portes Ioniques , elles peuvent auſſi ſervir fort à propos à celles de l'Ordre Romain , parce que ces Ordres ont des volutes à leurs chapiteaux ,
& les conſoles ſont contournées avec des volutes.

La hauteur des conſolles ſe prend en deux façons , l'une depuis le
deſſous du larmier juſques au deſſous du linteau du chambranle , & l'autre depuis le deſſous de la corniche juſques où tombe la crocette. Leur
largeur doit avoir trois cinquiémes de celles du chambranle , qui a la hauteur des membres de la corniche depuis le deſſous du larmier , ce qui eſt
la moitié de toute la corniche : les volutes d'enhaut ſeront larges autant que la friſe eſt haute , & celles d'embas autant que la crocette
deſcend plus bas que le linteau. Les feüilles qu'on met au deſſous , ſont
auſſi larges que les conſoles , & auſſi longues que la volute d'enhaut ;
la feüille de chêne y convient plus que toute autre.

Quoyque nous ayons cy-devant parlé des frontons , il eſt toutefois
à propos d'en rafraîchir la memoire , à cauſe qu'ils ornent les Niches &
les Tabernacles : les frontons ſont ou pointus , & pour lors ils imitent les toits ; ou cintrez , & reſſemblent aux coupes ou dômes , &
ſont mieux dans les places du milieu , que dans les coſtez : mais
il ſe faut garder de les briſer comme il s'en voit , ce qui eſt contre
le jugement & la regle de leur origine ; il les faut plûtoſt orner de figures , comme ceux de la Procuratie de ſaint Marc : ils doivent avoir
de hauteur deux neuviémes de la longueur de la corniche de niveau , &
leur angle eſt à peu prés celuy d'un octogone.

Or comme les niches & tabernacles dans les dedans ſont d'un grand
ornement & qu'on y met des Statuës de grand prix , il faut auſſi que
la matiere reſponde à l'uſage , & qu'elle ſoit de marbres precieux d'une
ſeule couleur ou mêlez , mais de telle ſorte que ce mêlange faſſe une
harmonie qui en rende la forme plus agreable , bien loin de la rendre
confuſe ; ce qui dépend du jugement de l'Architecte , & du temps &
de l'argent que celuy qui fait baſtir y veut mettre.

CONCLUSION DE CE LIVRE.

IL reste à parler des abus qui se sont introduits dans l'Architecture depuis la décadence de l'Empire Romain, & qui ont esté pratiquez per des Architectes qui ont de la reputation : & afin qu'on ne s'imagine pas que je parle par quelque ressentiment & avec passion, Je veux seulement parler de leurs fautes sans les nommer.

Premierement c'est un abus d'avoir mis dans les dez des piedestaux des tables rondes ou à pans, & en pointe de diamans, & de les avoir liez haut & bas avec des chaînes & des anneaux ; comme aussi d'y avoir mis des cartouches & des médailles qui sont des choses qui ne leur conviennent point, & qui sont contraires à la solidité qu'ils doivent avoir. C'est encore une chose bien vicieuse que de faire des colomnes torses en maniere de vis, comme elles sont à l'Eglise d'Arezzo ; comme aussi de les canneler en ligne spiralle ou les lier avec des bandes rustiques, où des branches de vignes & de liere, comme on en voit en France : car cette partie qui doit avoir de la force dans un bastiment, semble estre brisée & remastiquée.

Plusieurs ont fait aussi porter les entablemens par des Satyres, Harpies, & autres animaux monstrueux, sans qu'il soit possible de rendre raison d'un tel usage ; & ce qui est de plus ridicule, c'est que par une indécence sans exemple, ils ont porté leurs caprices jusques dans des lieux saints, où les ornemens doivent convenir au sujet : cette licence dont Vitruve se plaint, fait voir que toûjours il y a eu des esprits qui ont pris un autre chemin que celuy de la raison. Lorsque nous nous sommes servis de captifs ou autres figures pour porter quelques membres d'Architecture, ils n'ont esté employez que pour ornement, le pilastre qui effectivement portoit le corps solide, estant derriere.

C'est encore une grande erreur lors que les corniches, entablemens, archivoltes, impostes, & autres parties sont continuës, d'en interrompre le cours par des ligamens rustiques, & faire paroître l'Edifice delabré quoyqu'il soit neuf, comme on voit plusieurs portes & fenêtres, & mesme des Autels d'une dépense considerable, qui sont embroüillées de mascarons & ornemens peu convenables.

Les frontons, dont les corniches doivent estre entieres eu égard à leur origine, parce que celles de niveau represente les tyrans qui lient les murs ensemble, & les rampantes imitent les pieces d'un comble, ne laissent pas cependant d'estre rompuës ou interrompuës par quelque ornement bizarre qui leur oste cette forme simple que les Anciens ont si exactement observée. D'autres mettent des frontons l'un dans l'autre sur une mesme corniche, dont l'un sera cintré & l'autre angulaire, & pretendent estre bien fondez quand ils alleguent l'exemple du Pantheon qui en a deux triangulaires, sans faire reflexion que celuy de devant pose sur les colonnes du portique, & celuy de derriere en est éloigné

de plus de quarante de nos pieds, & elevé au deſſus du premier, de plus
de ſeize ſur les pilaſtres de brique, qui répondent ſur ceux de l'entrée
du Temple. Il ſe voit encore des appuis de feneſtres, & des arcs de voutes qui portent ſur des têtes d'animaux & d'autres figures capricieuſes;
ce qui non ſeulement eſt contre la verité, mais même contre la vray-
ſemblance.

Il ne faut pourtant pas blâmer l'uſage judicieux qu'on fait des
armes, medailles, & deviſes des perſonnes Illuſtres, qu'on place dans
les Edifices, lors qu'ils ſont mis à propos & ſans interrompre le corps
de l'Edifice qui doit paroître parfait en toutes ſes parties: mais pour
la diſtribution de ces ornemens, il faut imiter l'Antique, & les preceptes de Vitruve, qui preferent la ſimplicité à tout ornement confus
& mal placé, quelque beau qu'il ſoit; & il eſt conſtant que les moindres
choſes eſtant miſes avec profuſion coûtent plus que les belles qui ſont
employées avec jugement.

La plûpart des Architectes qui ont introduit toutes ces licences, ont
crû que leur qualité d'Architecte dont ils ne meritent ſeulement pas
le nom, leur donne le droit d'inventer ainſi que les Anciens. Mais
comme ces Anciens ont étably leurs regles ſur la nature & ſur la raiſon,
il ne reſtoit plus à ces nouveaux inventeurs que de recourir à leur genie ſterile & capricieux pour ſe diſtinguer des autres: mais auſſi pour
recompenſe de leur temerité & preſomption, bien loin d'acquerir de
la reputation, & de la meriter par leurs ouvrages comme les Architectes Anciens, dont on honore encore la memoire, ils perdent le peu
de nom qu'ils avoient acquis lorſque leur eſprit eſtoit ſoûmis aux regles
de la bonne Architecture, & qu'ils ne faiſoient rien ſans exemple &
ſans autorité.

F I N.

www.ingramcontent.com/pod-product-compliance
Lightning Source LLC
Chambersburg PA
CBHW050016100426
42739CB00011B/2674